Vita da Gastarbeiter

In Erinnerung an meine Eltern

»*Ich meine, daß der Mensch in seinem Vaterland leben muss und glaube, daß seine Entwurzelung eine Frustration bewirkt, die seine Seele auf die eine oder andere Weise lähmt.*
Ich kann nur in meinem eigenen Land leben; ich kann nicht leben, ohne es mit Füßen, Händen und Ohren zu berühren, ohne den Kreislauf seiner Gewässer und Schatten zu fühlen, ohne zu spüren, wie meine Wurzeln im Schlamm die Muttersubstanzen suchen.«

Pablo Neruda[1]

Vita da Gastarbeiter
Von Apulien zu VW in Wolfsburg

Die Geschichte des
ersten ausländischen Betriebsrats
in Deutschland

Übersetzung aus dem Italienischen
von Carola Köhler

Mit freundlicher Unterstützung des Vereins der Freunde und Förderer der Italienischen Kultur in Wolfsburg e. V., der Italienischen Konsularagentur Wolfsburg und der Volkswagen AG Wolfsburg.

Italienische Originalausgabe »Vita da Gastarbeiter.
L'impegno civile di un emigrante in Germania«,
Copyright © Stilo Editrice, Italy 2021 [All rights reserved.]

Für die deutsche Buchausgabe wurde der italienische Text vom Verfasser durchgesehen und an einigen Stellen ergänzt und erweitert.

Bibliografische Information der Deutschen Nationalbibliothek

Die Deutsche Nationalbibliothek verzeichnet diese
Publikation in der Deutschen Nationalbibliografie;
detaillierte bibliografische Daten sind im Internet über
http://dnb.dnb.de abrufbar.

ISBN 978-3-8012-0650-5

Copyright der deutschen Ausgabe © 2022
by Verlag J.H.W. Dietz Nachf. GmbH
Dreizehnmorgenweg 24, 53175 Bonn

Umschlag: Petra Bähner, Köln
Umschlagbild: Lorenzo Annese, © Haus der Geschichte, Bonn
Übersetzung: Carola Köhler, Berlin
Lektorat: Axel Haase, Berlin
Satz: TypoGraphik Anette Bernbeck, Gelnhausen
Druck und Verarbeitung: Bookpress, Olsztyn

Alle Rechte vorbehalten
Printed in Poland 2023

Besuchen Sie uns im Internet: www.dietz-verlag.de

Inhalt

Liebe Leserin, lieber Leser – Vorwort von Daniela Cavallo	7
Vorbemerkung von Pasquale Annese	9
Danksagung	14
Prolog: Heimat – der Ort, an dem man geboren wird	15
Autobiografische Gewohnheiten: die ersten Erinnerungen	17
Eine Kindheit voller Arbeit	20
Sprengstoff und Gewehr	28
Das Kino als Schule des Lebens	30
Betten, Kleidung und Ähren	33
Mit einem Bein im Grab	35
Bei Kriegsende	41
Aufbruch in die Emigration	43
In Deutschland	56
Nicht dumm, nicht wahr?	67
Das Volkswagenwerk	70
Eine neue Arbeit mit Arbeitsbefreiung	75
Frieda	95
Nationalismen, Integration und eine europäische Idee	104
Die Gewerkschaftskultur: Theorie und Praxis. Einzelinitiativen und Gemeinschaftsaktionen	114

Die Geschichte eines Kampfes	135
Die Siedlung Berliner Brücke	143
Der ›Pate‹	147
Gewerkschaftliche Bildung: die entscheidenden Treffen	152
Eine zweite Möglichkeit: unflexible Regeln und verständnisvolle Menschlichkeit	156
Beziehungen zur italienischen Politik	162
Das andere Deutschland und der Kommunismus	168
Der Fall Fiat: vermeidbare Fehler, nachahmenswertes Vorbild?	176
Aktiv in der Lokalpolitik	179
Bindungen, Museen, Schulen	183
Epilog: Wer bin ich?	191
Nachwort	197
Endnoten	202
Bildnachweis	208

Liebe Leserin, lieber Leser,

dieses Buch erzählt eine sehr bemerkenswerte Geschichte. Es ist nicht nur die Lebensgeschichte von Lorenzo Annese. Es ist auch eine Geschichte über das, was unsere Gesellschaft und unsere Vorstellungen vom Zusammenleben in Europa ausmacht. Es ist eine Geschichte über Mut und Chancen, über Beharrlichkeit und Schicksal, über Kultur und Integration – und nicht zuletzt auch eine Geschichte über die Leistungskraft moderner gewerkschaftlicher und betrieblicher Mitbestimmung.

Lorenzo Anneses Lebensgeschichte ist außergewöhnlich. Das liegt einerseits an ihm selbst, an seiner Neugier, Intelligenz und Beharrlichkeit. Es liegt aber andererseits auch an dem Ort und an der Zeit, die mit seiner Migration nach Deutschland verbunden sind: Lorenzo Annese ist Anfang der 1960er-Jahre als einer der ersten Italiener überhaupt im VW-Werk Wolfsburg tätig, bevor die Menschen kamen, die man »Gastarbeiter« nennt. Lorenzo betreut diese Neuankömmlinge, wird dafür von der Arbeit freigestellt, beginnt sich ab 1962 in der IG Metall zu engagieren. 1965 wird Lorenzo Annese in Wolfsburg zum ersten ausländischen Betriebsratsmitglied in der Historie der Bundesrepublik gewählt, was im Vorgriff auf eine Novellierung des Betriebsverfassungsgesetzes geschieht – damit schreibt die Arbeitnehmervertretung ein Stück Gesellschaftsgeschichte.

Lorenzo Annese, der Hütejunge und Landarbeiter aus Apulien, wird als junger Betriebsrat zum Dreh- und Angelpunkt für eine ganz besondere Integrationsleistung, die sich längst nicht nur im VW-Werk abspielt. Wolfsburg, die »nördlichste Stadt Italiens«, nimmt nach und nach Tausende ›Gastarbeiterinnen‹ und ›Gastarbeiter‹ auf. Arbeit, Familiennachzug, Freizeit, Wohnraum – 1969 arbeiten rund 10.000 ausländische Beschäftigte im Stammwerk, mehr als 60 Prozent davon stammen aus Italien.

Als zentrale Figur dieser Zeitgeschichte hat Lorenzo Annese geradezu prototypisch jene Werte vorgelebt, auf die sich die gewerkschaftliche und betriebliche Mitbestimmung heute noch berufen. Um nur ein paar zu nennen: sich aktiv einbringen, Solidarität zeigen, lebenslang lernen, Brücken bauen, Kultur mit prägen und anderen vermitteln, den Dialog pflegen, Perspektiven austauschen.

Bei Volkswagen diskutieren wir gerne über unsere Unternehmenskultur. Über das, was uns geprägt hat und über das, was uns weiter prägen soll. Lorenzo Annese hat dabei Grenzen verschoben und unzählige Wege geebnet. Von seiner Arbeit haben mehrere Generationen profitiert, auch meine und auch ich persönlich. Ich bin mir sicher: Ohne Menschen wie Lorenzo Annese und deren leidenschaftlichen Einsatz für das, was wir »gute Arbeit« nennen, wäre Volkswagen heute nicht so weit, wie es ist. Und wir hätten vielleicht auch noch nicht ganz so selbstverständlich eine Betriebsratsspitze, die so wie mein Stellvertreter Gerardo Scarpino und ich italienische Wurzeln hat.

Integration ist selten abstrakt und theoretisch, meist ist sie sehr konkret. Und gerade am Arbeitsplatz ist man aufeinander angewiesen, man kann sich kaum aus dem Weg gehen. Entweder, es funktioniert – oder es scheitert. Bei Volkswagen hat es funktioniert und das tut es noch heute. Dank Motoren wie Lorenzo Annese gab es Stabilität trotz der äußerst bewegten Zeiten. Die Umstände seiner Lebensgeschichte stehen auch stellvertretend für viele Menschen, die einst hier, aus einem anderen Land stammend, Fuß fassten und inzwischen längst angekommen sind. Und mit ihnen ihre Kinder und Enkelkinder.

»Wir leben zusammen, wir arbeiten zusammen, wir feiern zusammen.« So hat es Lorenzo einmal beschrieben. Das ist ein so phantastisches Motto! Für Wolfsburg. Für Deutschland und Italien. Für Europa. Dieses Buch erzählt eine wichtige Geschichte dahinter.

Grazie mille, vielen Dank, lieber Lorenzo Annese!

Daniela Cavallo
Wolfsburg, im April 2022

Vorbemerkung

Italien gehört wie Deutschland zu den sogenannten ›späten‹ Nationen Europas: Die Vereinigung der verschiedenen Landesteile zu einem Nationalstaat erfolgte erst 1861. Von Anfang an gab es im vereinten Königreich Italien eine *questione meridionale*, eine süditalienische Frage, sprich das Bewusstsein für den enormen Entwicklungsunterschied zwischen einem industriell orientierten Norden und einem agrarisch geprägten Süden. Apulien war in diesem Zusammenhang eine Region, die traditionell von Feudalherren und Landaristokratie geprägt war. Diese behielten ihre Machtposition sowohl nach der Vereinigung als auch unter dem Faschismus bei: Zunächst die Savoyer und dann Mussolini schützten die Privilegien der adligen Gutsbesitzer, während die bäuerlichen Volksmassen in einem Zustand von Unterwerfung, Ausbeutung und Unwissenheit gehalten wurden. Das faschistische Regime hatte zudem Zwangsabgaben für Agrarprodukte eingeführt, was insbesondere ab der zweiten Hälfte der 1930er-Jahre die ohnehin schon angespannte Versorgungslage weiter verschlechterte. Es ist bezeichnend, dass die Bauern die Gutsbesitzer mit Don (von lat. *dominus*, Herr) ansprachen. Auf Fotos von Bauernfamilien aus der ersten Hälfte des 20. Jahrhunderts fallen immer wieder dieselben Merkmale auf: sonnenverbrannte Gesichter, schwielige, von der Arbeit verformte Hände, resignierte Mienen, Großfamilien, in denen die Kinder Lumpen tragen und barfuß sind, junge Frauen und Männer, die wie Fünfzigjährige aussehen. Das Leben dieser einfachen Menschen war bis weit ins 20. Jahrhundert hinein von Armut geprägt, wobei es kaum Möglichkeiten gab, sich daraus zu befreien.

Nach dem Ende des Zweiten Weltkrieges und während der gesamten 1950er-Jahre herrschte in vielen Gebieten Apuliens weiterhin Großgrundbesitz vor, was zu einer Explosion der sozialen Widersprüche führte. Die Anzahl armer Bauern und Landarbeiter wuchs immens, eine Bewegung entstand, die sich durch ein für die gesamte damalige apulische Gesellschaft charakteristisches Bedürfnis nach Veränderung und Umgestaltung auszeichnete: Man strebte eine Bodenreform an, die zu einer allgemeinen Umgestaltung in einem modernen Sinne führen sollte, auch in Richtung einer Industrialisierung des Südens. Die 1950 eingerichtete *Cassa per il Mezzogiorno*, ein öffentlicher Unterstützungsfonds für den Süden, versuchte auf diese Bestrebungen eine Antwort zu geben. Mit umfangreichen Finanzierungen sollten öffentliche Bauten, die Ansiedlung von Industrie sowie Bildungsmaßnahmen gefördert werden, um dadurch das Gefälle zwischen Nord und Süd zu verringern. Gleichzeitig kam es in den 1950er-Jahren zu einer großen Migrationsbewegung aus Süditalien in die industriellen Zentren Norditaliens, vor allem nach Mailand und Turin, aber auch nach Frankreich, Belgien und Deutschland.

Das vorliegende Buch erzählt den Lebensweg eines dieser Emigranten. Es die Geschichte von Lorenzo Annese, einem der vielen italienischen ›Gastarbeiter‹, die in den 1950er- und 1960er-Jahren nach Deutschland gingen. 1958 verließ er Apulien mit einem Vertrag als Landarbeiter in der Tasche und wurde 1961 der erste italienische Arbeiter im Wolfsburger Volkswagenwerk. 1965 war er der erste Ausländer in der Bundesrepublik Deutschland, der zum Betriebsratsmitglied gewählt wurde. In dieser Funktion, die er von 1965 bis zu seiner Pensionierung 1993 innehatte, hat sich Lorenzo Annese um Tausende Italiener gekümmert, die in Wolfsburg bei VW gearbeitet haben.

Lorenzo Anneses Geschichte ist die Synthese einer Epoche, in der Italien nach den Verheerungen des Zweiten Weltkriegs dank eines Heers von Emigranten wieder auferstand. Sie finanzierten den Wiederaufbau mit ihrem Opfer, weit weg von der Heimat und von ihren Lieben zu arbeiten. Diese zahlreichen in Italien von Arbeitslosigkeit betroffenen Emigranten waren gezwungen, neue Lebensformen zu entwickeln, um sich an eine soziale, kulturelle und ökonomische Situation anzupassen, die vollkommen anders als in ihrem Heimatland war. In vielen Fällen war diese Integration mühsam und oft schmerzhaft erfolglos; in anderen Fällen war der Versuch, sich in die Aufnahmegesellschaft einzufügen, von Erfolg gekrönt, aber teuer bezahlt: Der Preis waren der bittere Verzicht auf einen Teil der eigenen Identität, vor allem in sprachlicher Hinsicht, und eine unstillbare Sehnsucht nach der fernen Heimat.

In Forschungsarbeiten, die die Geschichte der ›Gastarbeiter‹ ›von außen‹ nachgezeichnet haben, ist diese Merkmalskonstellation häufig beschrieben worden, Aufsätze und Monografien gibt es zu diesem Phänomen in auffallend großer Zahl. Seltener trifft man auf Texte, in denen die Protagonisten direkt zu Wort kommen, wie es in diesem Buch der Fall ist. In diesem Zusammenhang hat Jens Petersen vor einigen Jahren unter Bezugnahme auf die Migrationserfahrung der Italiener in Deutschland nach dem Zweiten Weltkrieg erklärt, dass die Erzählweisen dieses Kulturkonflikts, der immer mit der Emigration einhergeht, gestärkt und bereichert werden sollten, und hinzugefügt: »Diese konfliktreiche Begegnung zwischen zwei Kulturen im Rahmen der Emigration ist in großen Teilen noch zu entdecken, zum Beispiel über individuelle Lebenswege [...]. Es gibt Zehntausende sich ähnelnder Lebenswege, Geschichten von Niederlagen, Entwurzelung und Unterdrückung, aber auch von Erfolg, Bereicherung und Wachstum.«[2] Die hier im Folgenden erzählte Geschichte ist ein individueller Lebensweg genau im Sinne Petersens: Sie ist nicht nur eine Autobiografie, sondern auch und vor allem ein Lebensverlauf, der in sich die gegensätzlichen Facetten des Emigrantendaseins verdichtet. Dieses erscheint als doppelgesichtiger Januskopf: einerseits siegreich durch die erreichte Befreiung, andererseits besiegt durch den erlittenen Identitätsverlust.

Im vorliegenden Fall fand die Konfrontation der verschiedenen Kulturen zwischen den ›Gastarbeitern‹ – nicht nur aus Italien, sondern auch aus der Türkei, Griechenland, Tunesien sowie weiteren Ländern – und dem Aufnahmeland Deutschland statt und betraf vor allem zwei Beziehungsebenen: einmal das Verhältnis zu den Kolleginnen und Kollegen am Arbeitsplatz innerhalb der Fabrik, in diesem Fall VW, und zum anderen das Verhältnis zur Bevölkerung in der Stadt, hier Wolfsburg, in der Freizeit. Eine Tatsache zeigt sich klar und deutlich: Diese Konfrontation war mehrschichtig, sie war begleitet von gegenseitigem Unverständnis und Misstrauen und wurde durch Vorurteile auf beiden Seiten verschärft. Wer diese ersten Begegnungen der nach Wolfsburg strömenden Italiener mit der einheimischen Bevölkerung damals miterlebt hat, weiß, wie viele Barrieren beseitigt werden mussten, um in einen Dialog zu treten und ein fruchtbares Zusammenleben zu ermöglichen. Entscheidend war eine kontinuierliche Vermittlungsarbeit, eine tägliche Anstrengung, die Gewohnheiten des anderen kennenzulernen, ein geduldiges Bemühen darum, Berührungspunkte zu finden, die für den Aufbau gemeinsam gangbarer Wege nützlich waren.

Dieser Annäherungsprozess zwischen ›Gästen‹ und ›Gastgebern‹, der, so könnte man sagen, bis heute andauert, musste nicht wenige Hindernisse überwinden; jedoch ist inzwischen allgemein anerkannt, dass dank ihm die Stadt Wolfsburg ein Beispiel für gelungene Integration darstellt, wenn nicht sogar ein Vorbild für das, was Europa sein könnte. Tatsächlich haben diejenigen recht, die sagen, dass der Beitrag »der Emigranten am Aufbau Europas dem der Politiker sicherlich nicht nachstand, sondern ihm oft vorausging, indem sie an den Orten der Emigration dazu beitrugen, dass historische Vorurteile überwunden wurden und im Alltagsleben eine Normalität zwischen verschiedenen Ethnien und Kulturen geschaffen wurde«[3].

In einer Phase der europäischen Geschichte, in der der Zusammenhalt zwischen den EU-Mitgliedstaaten schwächer zu werden scheint, enthält dieses Buch eine Art Mahnung: nämlich die kostbare Errungenschaft von Modellen des Zusammenlebens nicht zu verspielen. Diese Modelle wurden von Menschen entwickelt und aufgebaut, die dafür ein Opfer gebracht haben: Sie mussten ihre Heimat verlassen und haben gelernt, sich in das Aufnahmeland zu integrieren, weil sie die tägliche Mühe auf sich genommen haben, den anderen verstehen zu wollen und sich selbst verständlich zu machen. Ich bin der Überzeugung, dass diese Mühe zur Kardinaltugend eines jeden Europäers, einer jeden Europäerin werden sollte, wenn man verhindern will, dass in dieser fragilen Gemeinschaft das Trennende und das Gegensätzliche über das Vereinende und das Gemeinschaftliche dominiert.

Zum Schluss noch ein paar Sätze über die Entstehung dieses Buches. Vor einigen Jahren schlug mir mein Onkel Lorenzo Annese vor, dass ich mit ihm versuche, seine Vergangenheit zu rekonstruieren. Nach längerem Zögern willigte ich ein. So begann er, mir sein Leben darzulegen, sowohl in langen, von ihm selbst geschriebenen Erinnerungsstücken als auch in zahlreichen Interviewgesprächen, die ich aufzeichnete und anschließend sorgfältig transkribierte. Auf diese Weise entstand der erste Entwurf. Im Folgenden habe ich den Text überarbeitet, indem ich ihn von Unwesentlichem befreit und sprachlich geglättet habe. Inhalt und Form haben sich auf diese Weise miteinander verwoben, wodurch die nachfolgende Erzählung entstanden ist.

Pasquale Annese

Danksagung

Ich möchte mich bei der IG Metall für die Ausbildung bedanken, die sie mir ermöglicht hat, und bei meinen Kolleginnen und Kollegen des VW-Betriebsrats für die vielen Kämpfe, die wir gemeinsam zur Verteidigung der Arbeitnehmerinteressen geführt haben.

Außerdem danke ich der Stadt Wolfsburg dafür, dass sie mich als Italiener und als ›Gastarbeiter‹ aufgenommen hat.

Danke möchte ich auch der Italienischen Konsularagentur in Wolfsburg sagen für die langjährige gute Zusammenarbeit zum Wohl unserer Landsleute.

Ein besonderer Dank gilt meinem Neffen Pasquale: Ohne ihn gäbe es dieses Buch nicht.

Meinen größten Dank richte ich schließlich an Frieda, unverzichtbarer Teil meines Lebens: Sie hat mich bei allem, was ich tat, stets unterstützt.

Prolog: Heimat – der Ort, an dem man geboren wird

Arthur Koestler schrieb einmal, dass wir unser »irdisches Horoskop« erstellen müssten, um zu verstehen, wer wir sind. Er meinte damit, wir sollen die Verbindungsstellen von Ereignissen und menschlichen Kraftlinien, unter deren Zeichen wir geboren sind, rekonstruieren. Wer möchte, kann heutzutage problemlos herausfinden, was sich an dem Tag, an dem man auf die Welt kam, zugetragen hat. Ein Blick in die Archive einiger Tageszeitungen zeigt, dass die Titelseiten am 18. Oktober 1937 – dem Tag meiner Geburt – das unheilvolle Licht, in dem die »menschlichen Konstellationen« erstrahlten, widerspiegeln: Die Schlagzeilen sprechen von den tragischen Ereignissen des spanischen Bürgerkriegs, vom chinesisch-japanischen Krieg, von Himmlers Besuch in Rom. Picasso war, als ich geboren wurde, dabei, eine der vielen Versionen seiner ›Weinenden Frau‹ zu malen, ein Motiv, das den Maler lange Zeit beschäftigte: eine Bildserie, die das Leid ausdrückt, das sich bald wie eine Seuche von dem vom Bürgerkrieg zerrissenen Spanien aus im Zweiten Weltkrieg über ganz Europa ausbreiten sollte.

    Meine Familie bekam, wie unzählige andere, die Folgen des Krieges heftig zu spüren: Armut, Hunger, Krankheiten. Mein Vater Vincenzo war Bauer und Waldarbeiter. Meine Mutter Rosa verbrachte einen Großteil ihres Lebens in der täglichen Übung mütterlicher Hingabe. Ich habe fünf Geschwister: Martino (*1934), Pietro (*1936), Antonia (*1942), Cosmo (*1945) und Maria (*1947). Vincenzo wurde 1910 in Buenos Aires geboren, seine Eltern waren zuvor nach Argentinien emigriert. Alle Geschwister meines Vaters waren Emigranten. Auch Martino, Pietro, Cosmo, Maria und ich sind Emigranten. Als ich auf die Welt kam, schwebte die Emigration wie ein Verhängnis über der Vergangenheit, der Gegenwart und der Zukunft meiner Familie.

    Ich frage mich daher nicht, *ob* dieses ›Kraftfeld‹ mein Dasein beeinflusst hat, sondern *wie sehr*: zum Beispiel meinen Versuch, mich aus den verschiedenen Formen der Unterdrückung zu befreien, vor allem dem Elend und der Unwissenheit, die in entscheidenden Phasen meines Lebens, wie Kindheit und Jugend, auf mir gelastet haben. Ich habe gelernt, dass diejenigen, die unter dem Zeichen von Krieg und Armut geboren werden, die Narben des davon verursachten Schmerzes unauslöschlich im Bewusstsein tragen. Es gibt Menschen, die gern weitergehen würden, die aber scheitern, weil sie es nicht schaffen, diesen Schmerz zu vergessen, anderen gelingt es, sie schaffen es trotz der Erinnerung an den Schmerz weiterzugehen. Ich fühle, dass ich zur zweiten, glücklicheren Kategorie gehöre, weil ich die innere Gewissheit habe, dass die unglückselige Zeit, die meine Generation zu erleiden hatte, in mir, wie in Millionen anderen, die Saat für den unbezwingbaren Wunsch nach Befreiung gelegt hat, der noch heute mein Tun bewegt.

Geboren wurde ich in Alberobello, einem kleinen Ort in Apulien, dem italienischen Stiefelabsatz. Alberobello liegt in den Hügeln des Valle d'Itria, auf ca. 400 Meter Höhe. Obwohl es (aus heutiger Sicht) nicht weit bis hinunter zum Meer ist, war ich meine gesamte Kindheit und Jugend über niemals dort. Es gehört zu den seltsamen Erfahrungen meines Lebens, dass ich das Schwimmen nicht als Kind im 20 Kilometer von zu Hause entfernten Meer, sondern erst als Erwachsener im 2000 Kilometer von Alberobello entfernten VW-Bad, dem städtischen Freibad von Wolfsburg, gelernt habe …

Eine Besonderheit in Alberobello sind die Trulli, kegelförmige Rundhäuser aus einer weiß gekalkten Basis und einem grauen Steindach, es gibt dort mehrere Stadtviertel davon. Auch meine Eltern hatten einen Trullo. Insbesondere im Winter (es kann dann in dieser Gegend ziemlich kalt werden und auch schneien) waren die Trulli keine besonders heimeligen Behausungen, denn die einzige Wärmequelle war der Kamin, und wenn der nicht vorhanden war, gab es nur eine einfache Feuerschale. Noch in den 1960er-Jahren gab es in Alberobello kein Wasser- und Abwassersystem. Wasser musste an öffentlichen Brunnen geholt werden. Diese Art von Rückständigkeit war es, der ich unbedingt entfliehen wollte.

Autobiografische Gewohnheiten: die ersten Erinnerungen

Nicht immer sind in einer Autobiografie die ersten Episoden, an die sich die, um deren Geschichte es geht, erinnern, für die Leser die interessantesten. Sicherlich sind sie aber, so sagen der Volksmund und die persönliche Erfahrung, die entscheidendsten. Deshalb blicke ich zurück, schaue in die manchmal verschwommenen Räume der Erinnerung und versuche, meine frühesten bewussten Erfahrungen, die ersten wirklichen Wurzeln des Menschen, der ich geworden bin, aus der Vergessenheit zurückzuholen. Ich bin mir der Fallstricke bewusst, denen autobiografische Erzählungen oft unterliegen, Fallstricke, die durch unfreiwillige Umdeutungen und Auslassungen, durch selektives Vergessen, durch nachträgliche Verschmelzungen und Synchronisierungen von Ereignissen, die eigentlich räumlich und zeitlich weit auseinanderliegen, entstehen. Das Erinnerte ist nicht das Erlebte, und das Erlebte nicht das Geschehene. Gegen diese Irrtümer in der Erinnerung werde ich kein Mittel finden. Keiner kann das. Aber ich will versuchen, die Ergebnisse dieser Reise des Erwachsenen in die ferne Vergangenheit seiner Existenz als Kind so treu und wahrhaftig wie möglich dem Wort anzuvertrauen.

Meine erste Erinnerung ist der Schein des Feuers. In dem Haus, in dem ich geboren wurde, gab es zwar einen offenen Kamin, jedoch wurde dort, außer bei seltenen Anlässen, kein Feuer angemacht, sondern dies geschah hinter dem Haus, in der Ecke eines kleinen Gartens: Mit dem bisschen Holz, das meine Eltern heranschaffen konnten, wurden die dürftigen Flammen für unsere schlichten Mahlzeiten genährt, und sie weckten meine erstaunte kindliche Aufmerksamkeit.

In einer anderen Szene befinde ich mich neben meinem älteren Bruder Martino, er ist sechs, ich bin drei. Wir stehen draußen, in der Nähe der Haustür, und essen einige Scheiben Brot mit Tomaten. Plötzlich kommt ein von zwei Pferden gezogener Karren, der mit großen

Behältern beladen ist, in die der von unserem Großvater produzierte Wein abgefüllt werden soll, Wein, der im Keller des Hauses aufbewahrt wird. Jemand sagt zu dem jungen Mann, der den Karren lenkt, dass der Weg zu eng sei, dass er dort nicht durchkomme, aber er probiert es trotzdem ... es ist nur ein Augenblick, und schon kommt es zur Katastrophe. Die Deichseln des Karrens berühren sich und bringen die beiden Pferde aus dem Gleichgewicht. Durch eine ungeschickte Bewegung stürzt eines zu Boden und reißt zuerst die Behälter, dann den ganzen Karren mit sich. Eine der Deichseln trifft Martino heftig an der linken Schläfe und führt zu einem Riss, der sofort stark zu bluten beginnt. Ich werde von den Hufen des gestürzten Pferdes, das vergeblich versucht, sich wieder aufzurichten, indem es in die Luft tritt, am linken Bein, knapp unterhalb des Knies, getroffen. Das Bein ist gebrochen. Schreie, Panik, Verwirrung, eine Blutlache, aus der wir mühevoll wieder auf die Beine gestellt werden. »Einen Arzt, einen Arzt«, hört man schreien, »ruft einen Arzt!« Aber der einzige, den es in diesem Kriegsjahr 1940 gibt, ist schon 70, und in Alberobello gibt es kein Krankenhaus. Letztendlich kommt der Arzt und näht ohne jegliche Betäubung die ausgedehnte Wunde auf Martinos Schläfe. Es sind fürchterliche Schmerzen, ähnlich denen, die ich fühle, als sie mir das Bein richten, ohne dabei allzu feinfühlig vorzugehen. Heute, nach achtzig Jahren, fällt mein Blick manchmal auf die Narbe, die mein Bein ziert, und ich denke daran, wie viel Glück ich trotz allem gehabt habe: Der Arzt hatte mir gesagt, dass ich auf immer hinken würde. Er irrte sich: Unter allen Übeln, die ich erfahren habe, ist mir dieses erspart geblieben. Der Unfall hatte ein Nachspiel vor Gericht: Meine Großeltern und meine Eltern strengten eine Klage gegen den Karrenlenker an und akzeptierten letzten Endes eine Entschädigung, um die Arztkosten zu bezahlen. Auf diese Weise vermied er schwerwiegendere strafrechtliche Folgen, aber um die Entschädigung zu bezahlen, war er gezwungen, den Karren, mit dem er den Unfall verursacht hatte, zu verkaufen.

Dann sehe ich mich, als ich etwas größer bin, etwa vier oder fünf, und wir mit der gesamten Familie, einer Karawane aus Fußgängern, zu den Großeltern gehen, die in Maranna lebten, einem Weiler, der zu

Alberobello gehört. Ich erinnere mich an nicht allzu viel dieser marschartigen Ausflüge in die Umgebung, nur an die große Verwunderung, eine viel buntere und weitläufigere Welt zu entdecken als die engen, weiß-grauen Trulli, an die ich in Alberobello gewöhnt war.

Ein anderes lebhaftes Bild meiner Kindheit ist das von Martino, als er in der Nähe der öffentlichen Wasserstelle am Largo Martellotta in einer Reihe anderer Jungen in Uniform mit Schlips und Holzgewehr Übungen ausführt. Und ich bin dort, um zuzuschauen. Martino war ungefähr acht, ich fünf. Es war 1942 oder 1943, und ich erinnere mich gut, dass ich zu meiner Mutter nach Hause zurückkam und ihr gesagt habe: »Ich will da auch mitmachen!« Denn als Kind will man dieselben Sachen wie die ›Großen‹ machen, und diese kindlichen Soldatenmärsche zogen mich magisch an. Das damalige Indoktrinationssystem war so ausgeklügelt, dass man verführt wurde, und mit einer Uniform und einem Holzgewehr fühlte man sich von klein auf stark. Die faschistische Jugendorganisation *Balilla*: Damals fand ich es faszinierend, den nur wenig Älteren dabei zuzusehen, wie sie in Zweierreihen nach den Befehlen eines Ausbilders marschierten. Aber mit den Katastrophen, die der Krieg verursachte, wurde die Begeisterung für den martialischen Gleichschritt schwächer, bis sie gänzlich verschwand, und auf dieselbe Weise verschwanden die konkreten Symbole der Ideologie, die ihn verherrlicht hatte: Als der Krieg zu Ende war, wurden die *fasci*, die Symbole der faschistischen Partei, vor dem Rathaus und auf der Piazza delle Erbe ganz schnell entfernt.

Eine Kindheit voller Arbeit

Wie bei vielen der damaligen Zeit war meine Kindheit dadurch geprägt, dass ich früh anfangen musste zu arbeiten, in einem Alter, in dem man eigentlich nichts anderes tun sollte als zu spielen. Doch Spiele kommen mir nur wenige in den Sinn. Das einzige, an das ich mich deutlich erinnere, bestand darin, mit anderen Kindern zusammen abwechselnd eine Münze – meist einen *centesimo* oder ein Fünf-Lire-Stück – in Richtung Bürgersteig zu werfen, und wer diesem am nächsten kam, gewann: ein einfaches Spiel, Frucht äußerster Armut. Natürlich bedeutete zu gewinnen nicht, dass man alle Geldstücke einsacken konnte, das ließen die Zeiten nicht zu, es gab kein Geld zu verplempern. Tatsächlich spielten wir oft mit Knöpfen. Außer diesem Spiel gab es nur wenig andere. Im Kopf gab es nur die Arbeit: Geld verdienen, um der Familie zu helfen.

Es war notwendig, dass wir Kinder arbeiteten, denn die Familie war groß und das, was mein Vater verdiente, reichte nicht aus. Er war einige Zeit bei der Eisenbahn angestellt gewesen, hatte diese aber verlassen, um in den Wäldern und auf den Feldern zu arbeiten. Er dachte, er würde so mehr verdienen und die Familie unterhalten können. In der Tat war die Arbeit bei der Eisenbahn zwar sicher, aber schlecht bezahlt, und obwohl sie einige Vorteile hatte (sie war weniger anstrengend als Holzfällen oder Feldarbeit, und die Arbeitszeiten waren genau festgelegt), brachte ihn die Notlage dazu zu wechseln. Jedoch entwickelten sich die Dinge nicht, wie er gehofft hatte, und die Folgen seiner Entscheidung hatten wir Kinder zu tragen, indem wir frühzeitig arbeiten mussten. So war es überall: Auch die Kinder hatten ihren Beitrag zu leisten. Als ich zum Beispiel mit sieben als Hütejunge in Maranna begann, verdiente ich nicht eine Lira: Ich arbeitete nur für ein bisschen Brot, das ich vom Schäfer bekam. Meinen Eltern reichte das. Mein Essen bestand meistens aus einem kleinen Stück Brot mit ein bisschen Ricotta forte, einem durch Reifung kräftiger gewordenen Frischkäse, manchmal gab es eine Zwiebel dazu. Die Regel war: Das, was der Schäfer aß, aß auch ich. Außerdem konnte man je nach Jahreszeit manchmal an den Orten, zu denen wir die Schafe zum Weiden brachten, etwas zu essen finden. Gab es zum Beispiel einen Birnbaum, war es möglich, eine Birne zu pflücken, aber das durfte niemand merken, denn in jenen Zeiten der Armut waren die Früchte der Erde kostbar, und sie dem rechtmäßigen Besitzer zu entziehen konnte teuer werden.

In Maranna war es auch, wo mich das Leben auf rüde Weise lehrte, welch brutaler Unmenschlichkeit ein Kind zum Opfer fallen kann. Sie zeigte sich in Gestalt eines Mannes, der in den Trullo eindrang, in dem ich schlief, und sich mir gewaltsam zu nähern versuchte. Ich versetzte ihm einen Fußtritt und konnte entkommen. Aus diesem Grund blieb ich nur kurze Zeit dort. Das sind Dinge, die man nicht vergisst. Viele Jahre später habe ich diesen Mann bei meinen Aufenthalten in Alberobello ab und zu wiedergesehen: alt, mit rötlicher Haut, beinahe komplett erblindet. Mit seiner dunklen Brille und seinem Blindenstock saß er immer an der Bar, dieser Albtraum meiner Kindheit, der nun dem Tod schon sehr nah war.

Nach dieser unfreiwillig frühzeitigen Unterweisung in Sachen ›Schäferstündchen‹ wurde ich mit etwa acht Jahren zum Arbeiten in eine Masseria[4] geschickt. Mein Vater kannte den Besitzer der Masseria, Don Vito, denn unsere Familie besaß ein Stück Land, das an die Ländereien seines Bauernhofes angrenzte. Also sprach mein Vater mit ihm, und man einigte sich auf Folgendes: Ich sollte sechs Monate bei ihm arbeiten, im Tausch für einen Zentner Ackerbohnen[5]. So viel war ich demnach in diesem Moment wert. Die Abmachung sah vor, dass ich alle vier Wochen zum Wäschewechsel nach Hause gehen durfte, aber da mein Vater und meine Mutter fast jeden Tag zum Arbeiten auf dem angrenzenden Land kamen, gelang es uns manchmal, uns zu sehen, und bei diesen Gelegenheiten nahmen sie meine Sachen mit, um sie zu waschen, und ich fühlte mich weniger allein. In jenen Monaten schlief ich in einer Küche neben dem Stall. In dieser Küche wurde der Käse gemacht, es gab einen Kamin und eine schwere Eichenbank, auf der ich schlief. Zum Zudecken hatte ich nichts, nur einen alten Sack, den ich mir zusammengefaltet als eine Art Kissen unter den Kopf schob. Zum Glück arbeitete ich dort im Sommer.

Nach dieser Erfahrung musste ich Erde transportieren, eine Arbeit, die sich als Knochenjob erwies: Ich lernte sie mit meinem ganzen Wesen zu hassen. Dorthin ging ich zusammen mit meinem Bruder Pietro, der ein Jahr älter als ich war und das schon seit einiger Zeit machte. Die Besitzer, bei denen wir arbeiteten, waren damals dabei, einen Weinberg anzulegen. Ich war ungefähr neun Jahre alt. Es ist schwer vorstellbar, wie anstrengend es war. Ich schaffte das nicht, es war wirklich zu viel für mich, und um das Tragen zu vermeiden und mich so oft wie möglich ausruhen zu können, bat ich häufig darum, mich entfernen zu dürfen, und tat so, als müsse ich austreten. Das Schlimmste war, dass man nicht sehr weit weg gehen konnte, denn es gab einen Vorarbeiter, der alles überwachte. Die Wanne mit Erde, die wir trugen, wog ungefähr 15 Kilo. Oftmals war sie sowohl auf dem Hinweg (mit Erde) als auch auf dem Rückweg (mit Steinen) voll. Es gab einen Arbeitsrhythmus, an den ich mich viele Jahre später erinnerte, als ich in Deutschland zum ersten Mal ein Fließband sah. Man musste einen bestimmten Ablauf und genauen Abstand zu den Kameraden einhalten, damit derjenige, der die Wanne befüllen musste, dies in der richtigen Zeit schaffte. Wenn einer den Rhythmus nicht einhielt oder seinem Kameraden zu nahekam, um ein paar Worte zu wechseln, dann stand der Vorarbeiter bereit, und es gab einen Hieb mit einem dünnen Olivenbaumzweig. Diese Männer waren übertrieben streng und hatten kein Herz. Sie behandelten uns wie Sklaven. Einmal ist es auch mir passiert, dass ich geschlagen wurde, weil ich nicht den richtigen Abstand zu meinem Vorgänger gehalten hatte. Um uns zu ›Helden‹ zu machen und uns zu einem schnelleren Schritt anzutreiben, organisierten sie häufig ›Spiele‹. Eines hieß ›*tocca tocca*‹ (›schlag an‹): Das war ein Rennen zu zweit, bei dem einer der Jungen oben am Aushub loslief, wo die Erde aufgeladen wurde, und der andere unten. Wer schneller war und den anderen nach der festgelegten Rundenzahl einholte, hatte das Rennen gewonnen.

Es war eine extrem harte Arbeit. In den ersten Tagen war meine Schulter an der Stelle, wo ich die Wanne abstützte, aufgeplatzt und blutete, und ich konnte es kaum abwarten, dass es Wochenende wurde, um der Wunde Zeit zum Heilen zu geben. Wir arbeiteten von morgens bis abends, von Sonnenaufgang bis Sonnenuntergang, und aßen nur ein Stück Weißbrot mit etwas Tomatensoße. Die Art, in der das Essen transportiert wurde, verdient eine Beschreibung. Am Abend machten wir in das Brot, das wir am nächsten Tag mit zur Arbeit nehmen sollten, ein Loch und erhielten so eine Vertiefung, in die wir die dickflüssige Soße füllten. Von dem Brotstück, das wir herausgepult hatten, um das Loch für die Soße zu machen, entfernten wir den weichen Teil und behielten die Kruste von etwa einem Zentimeter Dicke, die als Deckel diente und das Herauslaufen der Soße verhinderte. Während der Pause schnitten wir eine dünne Scheibe Brot ab, dann entfernten wir den ›Stöpsel‹ und verteilten die Soße darauf: ein Wunder der menschlichen Erfindungsgabe, aus der Not geboren. Zu trinken gab es natürlich nur Wasser. Das war alles. Ich bekam 50 Lire am Tag, sie reichten für einen Kinobesuch. Jedoch machte ich diese Arbeit nur für ganz kurze Zeit, dann begriffen meine Eltern, dass ich nicht lange durchhalten würde, weil sie zu schwer für mich war. Also kehrte ich zum Schafehüten zurück. Ich wollte nicht, denn das bedeutete, die Familie verlassen zu müssen, aber ich hatte keine Wahl.

Es wurde festgelegt, dass ich auf einen Bauernhof an der Straße nach Monopoli gehen sollte: in die Masseria Rossa. Die Vereinbarung lautete, dass ich sechs Monate arbeiten sollte und mein Vater dafür einen Zentner Weizen und einen Zentner Ackerbohnen erhalten würde. In der Zwischenzeit war ich gewachsen, und in dieser Masseria gab es, wie es der Zufall so wollte, sehr viel zu tun. Da waren zum einen natürlich die Schafe, aber ich musste auch im Stall und auf den Feldern am Haus helfen. Ich erinnere mich, dass am Tag meiner Ankunft ein schreckliches Gewitter mit Blitzen, Regen und Hagel ausbrach, was mich zu Tode erschrak. Der Strohhut, den mir der Bauer als Sonnenschutz gekauft hatte, war an jenem Tag nicht nötig. In dieser Masseria arbeitete ich einige Monate. Ich schlief in einem Verschlag, der voller Stroh war und wo es nichts zum Zudecken gab. Wenn ich mich hinlegte, behielt ich Kleidung und Schuhe an.

Als ich ungefähr einen Monat dort war, kam eines Abends, während es schon dunkelte und ich auf dem Heimweg vom Schafehüten war, ein Auto mit hoher Geschwindigkeit in einer Haarnadelkurve um die Ecke und überfuhr einige Schafe. Eines starb, andere hatten verletzte Beine. Erschreckt und verzweifelt begann ich zu schreien und rannte zur Masseria, die weniger als einen Kilometer vom Unfallort entfernt war. Anstatt erleichtert zu sein, mich unverletzt zu sehen, machte mir der Bauer harte Vorwürfe, dass ich mir das Nummernschild des Wagens nicht gemerkt hatte, der inzwischen verschwunden war. Wie konnte er nicht in Betracht ziehen, dass auch ich hätte überfahren werden können? Offensichtlich war ich ihm weniger wert als seine Schafe.

Ein paar Tage nach dem Unfall weckte mich der Bauer wie gewöhnlich im Morgengrauen und öffnete dabei die Tür des Verschlags, die die ganze Nacht abgeschlossen war. Als er wegging, nutzte ich das aus und haute ab. Ich lief zu Fuß nach Hause zurück, denn ich ertrug es nicht mehr, die ganze Nacht in dem Verschlag eingeschlossen zu sein. Da ich nicht rauskonnte, musste ich meine Notdurft manchmal im Stroh verrichten. Was hätte ich sonst machen sollen? Unter diesen Umständen ließ sich nicht leben: Ich aß wenig und schlief ohne Decke auf dem Stroh, in denselben Sachen, die ich auch tagsüber trug. Ich wollte weg. Als ich in Alberobello angelangt war und meinen Eltern erzählte, was vorgefallen war, kam der Sohn des Bauern auf dem Fahrrad an. Er suchte mich. Meine Eltern überzeugten mich davon, zum Bauern zurückzukehren, und so wurde ich zurückgebracht. Ich hielt es dort nur noch eineinhalb Monate aus, dann reichte es mir endgültig: Ich wollte nicht länger bleiben, auch weil ich von dieser Masseria aus mit den Schafen oftmals zu einer anderen ziehen musste, die etliche Kilometer entfernt war und von einem der Söhne des Bauern bewirtschaftet wurde, einem hinkenden, mürrischen und sehr strengen Mann. Ich ging fort, und dieses Mal verstanden meine Eltern und akzeptierten es.

Während der Arbeitsmonate an jenem Ort widerfuhr mir ein anderes merkwürdiges Unglück: Ich wurde von einem Schafbock angegriffen, der auf mich zugestürmt kam. Der erste Stoß kam von hinten und traf mich am Hintern, worauf ich hinfiel. Man hatte mir gesagt, dass man sich in einem solchen Fall nicht bewegen sollte, um nicht erneut getroffen zu werden. So tat ich es, aber der Bock ließ nicht locker: Er wich zurück und stürmte dann wieder mit hoher Geschwindigkeit los, um mir Kopfstöße zu versetzen. Ein Stoß führte zu einer großen Wunde an meinem Kopf, und in dem Moment verstand ich, dass ich mich verteidigen musste. Mich über den Boden rollend, näherte ich mich einem Haufen mit Steinen, wo ich einen packte, der vielleicht zehn Kilo wog, und als der Schafbock ankam, um mich erneut zu stoßen, warf ich ihm diesen direkt an den Kopf. Daraufhin hörte er auf und lief davon. Ein Mann, der in der Nähe arbeitete, hatte meine Schreie gehört, und als er sah, was geschehen war, brachte er mich mit seinem Fahrrad nach Hause zu meinen Eltern. Meine Mutter brachte mich aufgeregt zum Arzt, der die Wunde am Kopf nähte. Die Narbe ist noch heute gut sichtbar.

Zu lange Zeit durfte ich nicht unproduktiv bleiben. Ich begann wieder Erde und Steine zu tragen, aber ich machte auch andere Arbeiten. Ich half einem Maurer, hackte die Ackerbohnen, half bei der Olivenernte und der Weinlese usw. Um Arbeit zu finden, ging man damals zum Tabakladen in der Nähe der Santi-Medici-Kirche: Dorthin kamen die Bosse, wenn sie Arbeiter suchten. Das Arbeitsangebot war viel geringer als die Zahl der Bewerber, deshalb konnten die Bosse nach Belieben auswählen und den Lohn drücken. Oftmals vergingen Stunden, bis eine Einigung über die Bezahlung erreicht worden war. Für einen Tag Erde tragen wurden zur damaligen Zeit 50 Lire gezahlt. Das mag eine lächerliche Zahl erscheinen, aber diese 50 Lire waren das Ergebnis einer Aushandlung. Unter uns gab es welche, denen es wirklich schlecht ging und die eine große Familie sattkriegen mussten. Oftmals führte solch eine Notsituation dazu, nicht fair miteinander umzugehen und eine Arbeit auch mit einer geringeren Bezahlung zu akzeptieren. Wenn so etwas rauskam, brach Streit aus, und man beschuldigte sich gegenseitig, ein Verräter zu sein.

Ich erinnere mich daran, dass ich mit einem Freund einmal Arbeit beim Vater eines Priesters gefunden hatte: Wir sollten Lupinen herausreißen. Als Bezahlung waren die üblichen 50 Lire am Tag ausgemacht worden. Wir dachten, diese Arbeit wäre einfach und leicht, aber gleich am ersten Tag wurde uns klar, dass dem nicht so war. Der Boden war hart, und die Wurzeln der Lupinen reichten tief. Wir hatten keine Handschuhe, um unsere Hände zu schützen, sodass diese mittags schon vollkommen blutig waren. Am Nachmittag versuchten wir weiterzumachen, indem wir sie mit Stofffetzen umwickelten. Am Ende des Tages beschlossen wir, zum Priester zu gehen und ihn angesichts der Schwere der Arbeit zu bitten, uns das Doppelte von dem zu bezahlen, was mit seinem Vater vereinbart worden war. Er ließ uns gar nicht ausreden (wir hatten ihm lediglich unsere Hände gezeigt), als schon seine knappe Antwort kam: »Entweder das oder gar nichts.« Wir baten ihn um den Tagesverdienst. Es gab einen kleinen Wortwechsel, weil er sich weigerte, uns das vereinbarte Geld zu geben, da wir seiner Meinung nach zu wenig geleistet hatten, aber am Ende schafften wir es mit einiger Mühe, uns durchzusetzen, und liefen davon.

Das damalige Fortbewegungsmittel schlechthin waren die Beine. Ich kam fast immer zu Fuß zum Arbeitsort, auch wenn dieser in der Regel weit entfernt von zu Hause war. So arbeitete ich zum Beispiel einmal mit einem Dutzend anderen Jungen auf einer Baustelle unweit der Kirche von Barsento, etliche Kilometer von Alberobello entfernt. Zu Fuß hinzugehen war schon an sich eine Anstrengung. Dort arbeiteten fast zwei Monate lang etwa 20 Männer. Ein Onkel, Bruder meiner Mutter, war der Vorarbeiter. Die Jungen mussten Erde und Steine schleppen, während ich, der jüngste und kleinste, ab und zu zum Brunnen ging, um Wasser zum Trinken für die Arbeiter holen. Es war mein Onkel gewesen, der mir diese Aufgabe übertragen hatte, um mir die Arbeit zu erleichtern. Wenn die Arbeiter genug getrunken hatten, kehrte auch ich zum Schleppen zurück. Diese Abwechslung war meine Rettung, denn meine Tage waren dadurch weniger eintönig und weniger anstrengend. Noch heute fühle ich aufrichtige Dankbarkeit für diesen Onkel. Ich habe ihn immer sehr geschätzt, denn ich bin sicher, auch wenn ich nicht sein Neffe gewesen wäre, hätte er sich in gleicher Weise verhalten.

Für eine gewisse Zeit arbeitete ich auch im Wald. Zusammen mit meinem Bruder Pietro fuhr ich bis nach Pisticci, das etwa 90 Kilometer von Alberobello entfernt ist. Ehrlich gesagt, es gab dort keinen richtigen Wald. Die Arbeit bestand darin, Baumstümpfe und Wurzeln zu entfernen, denn die Bäume waren schon gefällt worden. Wir mussten die Baumstümpfe herausziehen, sie dienten der Herstellung von Holzkohle, auch sollte dadurch der Boden kultivierbar gemacht werden. In Wirklichkeit wurde zwei oder drei Jahre später alles durch heftigen Regen zerstört: Dieses entwaldete Hügelland erwies sich als ungeeignet, um darauf Weizen oder anderes anzubauen. Pietro und ich blieben für ungefähr fünf Wochen dort. Bei unserer Ankunft hatten wir eine große Militärplane dabei, die wir an vier Balken befestigten, danach bedeckten wir den Boden mit Laub, und fertig war unsere Lager- und Schlafstatt. Aus der Sicht von heute erscheint diese von befremdlicher Unsicherheit und Zerbrechlichkeit, doch damals brachte uns unser Überlebenswille dazu, auch den schwierigsten Lebensbedingungen zu trotzen.

Sprengstoff und Gewehr

Zu den vielfältigen Arbeitsaufgaben, die meinen Erfahrungsschatz in schneller Folge vergrößerten, kam im Alter von ungefähr zwölf Jahren die Arbeit in den Weinbergen hinzu. Dafür ging ich zu einem anderen Bruder meiner Mutter, Onkel Angelo, der an der alten Straße Richtung Martina Franca lebte. Von ihm lernte ich auch die Vorbereitung des Sprengstoffs, mit dessen Hilfe große Felsbrocken auf den zu bestellenden Feldern zerkleinert wurden, den wir aber auch beim Bau eines Kellers verwendeten. Ich wurde ein Meister im Mischen von selbst hergestelltem Holzkohlenstaub mit von uns gekauftem Salpeter und Schwefel ebenso wie in der Vorbereitung der Aushöhlung für die Mine. Diese Vertiefung musste zunächst mit einem Meißel ausgeschlagen und dann in einem präzisen Verfahren sorgfältig verfüllt werden. An die zahlreichen und kniffligen Schritte, um den Sprengstoff herzustellen und ihn dann in die Aushöhlung einzubringen, erinnere ich mich noch klar und deutlich, ebenso wie an das Getöse und die Trümmer, die durch die Explosionen verursacht wurden.

Nach einiger Zeit erzählte mir Onkel Angelo von seinem Cousin, der eine Masseria in der Nähe von Martina Franca besaß und jemanden suchte, der ihm bei den Schafen, Kühen und Pferden half. Mein Vater traf die Vereinbarung: einen Zentner Weizen und ein Lamm gegen sechs Monate meiner Arbeit. Dort ging es mir nicht schlecht, und auch wenn ich im Pferdestall in einem freien Futterplatz schlafen musste, war ich zufrieden: Da ich viele Cowboyfilme gesehen hatte, gefielen mir Pferde sehr. Alle zwei Wochen ging ich in das nahe Martina Franca, um ein bisschen die Stadt kennenzulernen, in der ich zuvor nie gewesen war.

Das Kino interessierte mich sehr. Martina Franca hatte damals schon ein sehr schönes: Als ich dort zum ersten Mal eintrat, kam ich aus dem Staunen nicht mehr heraus. Ich ging insgesamt drei oder vier Mal hin. Allerdings ließ mich der erste Film, den ich sah – *Non c'è pace tra gli ulivi*[6] –, anschließend ein großes Risiko eingehen. Ich bekam nämlich, eines Tages, als ich allein in der Masseria war (der Bauer war zum Markt gegangen), Lust, mir das zweiläufige Gewehr zu nehmen, das in einem Schuppen hing. Es ging mir nicht ums Schießen, sondern ich wollte einige ›Szenen‹ nachstellen, die ich im Film gesehen hatte. Mit dem Gewehr in der Hand schlich ich leicht nach vorn gebeugt um die Masseria. Ich, der ich nie ein Gewehr in den Händen gehabt hatte, hielt den Finger nah am Abzug ... und plötzlich löste sich ohne mein Zutun ein Schuss! Zum Glück verletzte ich mich nicht, aber vor Schreck blieb ich für einige Sekunden sprichwörtlich wie gelähmt. Naiv wie ich war, hatte ich nicht kontrolliert, ob die Waffe geladen war. Vorsichtig hängte ich das Gewehr an seinen Platz zurück. Ich bin sicher, der Bauer hat nichts gemerkt, denn er hat diesbezüglich niemals irgendetwas zu mir gesagt.

Er war Mitte Vierzig und noch Junggeselle, aber bald verheiratete er sich mit einer Frau, die ungefähr zwanzig Jahre jünger war als er. In der Hochzeitsnacht entdeckte er, dass die Jungfräulichkeit seiner Frau nicht mehr vollständig intakt war. Er wollte um jeden Preis herausfinden, wer der Schuldige war ... und sie beschuldigte mich! Sie behauptete, dass die Sache kurz vor der Hochzeit passiert sei, bei einem ihrer Besuche in der Masseria ihres zukünftigen Bräutigams. Heute denke ich mit Bitterkeit an diese Tage zurück: Ihr war es egal, welchen Schaden sie mir damit zufügte, was mit mir geschehen würde, in ihren Augen war ich nichts wert. Als der Bauer wutentbrannt zu mir kam, dachte ich zuerst, das sei ein Scherz, aber er wurde immer besessener davon und sagte eines Tages mir: »Nimm mein Fahrrad und fahr nach Hause.« Ich gehorchte. Ein paar Tage später kam der Bauer zu uns nach Hause und begann eine aufgeregte Diskussion mit meinem Vater. Mein Vater fragte: »Was ist passiert?« Und der Bauer: »Lorenzo ... und meine Frau.« Mein Vater: »Was???« Und ich: »Wovon redet ihr, soll das ein Witz sein?« Letzten Endes glaubte mir mein Vater. Auf diese Weise endete meine Karriere als Hütejunge. Etwa zwei Jahre nach dieser ›großen Einbildung‹ erfuhren wir, dass der Mann gestorben war. Wer weiß, ob nicht die tiefe Demütigung, die er in seiner späten und unglücklichen Ehe erlitten hat, bei seinem vorzeitigen Tod eine Rolle gespielt haben mag.

Das Kino als Schule des Lebens

Die Arbeit auf dem Land, in den Weinbergen, bei den Maurern war schwer und erniedrigend sowie fast immer von Misshandlung und Ausbeutung begleitet. Eine der wenigen Ausnahmen war der Bau des ›Hotel dei Trulli‹, das heute geschlossen und verlassen ist. Dort arbeitete ich fast vier Monate, hauptsächlich bei der Aushebung der Trassen für die Wasser- und Abwasserleitungen. Meine Hände wurden dabei hart wie Stahl durch die Hornhaut, wäre diese an den Füßen gewesen, hätte sie als Schuhsohle dienen können. Der Unternehmer hatte mich ins Herz geschlossen und mochte mich so sehr, dass er mir auch kleinere Arbeiten, die er auf anderen Baustellen hatte, übertrug. Aber ansonsten erinnere ich mich nur an Herzlosigkeit und Bosheit.

In der Zwischenzeit, ich war jetzt ungefähr dreizehn Jahre alt, sahen meine Augen und mein Kopf nicht mehr bloß allein die Arbeit: Ich begann an Mädchen zu denken. Obwohl wir nach einem Tag voller Arbeit müde waren, ging ich am Abend mit meinen Freunden ins Stadtzentrum, um dort welche zu treffen. Damals war das nicht so einfach, denn wenn die Eltern ihnen überhaupt erlaubten, auszugehen, dann durften sie das nie allein, sondern immer nur in Begleitung einer Schwester, eines Bruders oder der Mutter. Oftmals kam der so sehr ersehnte Kontakt mithilfe von Bekannten zustande, die es übernahmen, in größter Heimlichkeit ein Briefchen zuzustellen. Aber ich konnte kaum lesen und noch weniger schreiben.

Ich war jetzt dreizehn, und ich hatte nie eine richtige Schule besucht. Unsere Eltern konnten uns trotz Schulpflicht nicht hinschicken: Unsere Armut und die daraus erwachsende Notwendigkeit zu arbeiten ließen sich nicht mit einem Schulbesuch vereinbaren. Meiner Meinung nach hätte der Staat Familien unterstützen müssen, denen die materiellen Mittel fehlten, um ihre Kinder in die Schule zu schicken. Stattdessen wurden die notleidenden Familien ihrem Schicksal überlassen, auch die Sanktionen bei fehlendem Schulbesuch wurden nicht durchgesetzt. Zudem fehlte es an Lehrern, denn viele davon waren zu der Zeit, als ich hätte eingeschult werden können, an der Front. Aber ich erinnere mich, dass es zu jener Zeit im Ort viele Priester gab, und uns Kindern war beigebracht worden, dass wir, sobald sich einer näherte, zu ihm gehen und ihm die Hand küssen sollten. Wenn diese Geste Ausdruck eines tiefen Glaubens ist, so ist nichts Schlechtes daran, doch glaube ich, dass es in solch einer katastrophalen Situation die heilige Pflicht der Geistlichen und der Kirche gewesen wäre, nicht nur Respekts- und Ehrerweisungen entgegenzunehmen, sondern auch einen kleinen pädagogischen Beitrag zu leisten. Sicher, es wurde eine Art Abendschule eingerichtet, die ich fünf Jahre lang besuchte. Jedoch lernte man dort kaum mehr als ein bisschen lesen und schreiben, auch weil der Unterricht an dieser Schule gerade mal vier Monate im Winter dauerte, und wir ihn zwei Stunden am Abend besuchten, nachdem wir den ganzen Tag gearbeitet hatten, auf dem Feld oder auf der Baustelle. Letztendlich gab es also weder viel zu lernen noch die nötige Energie dazu. Die Lehrerinnen waren zudem fast immer junge Aushilfslehrerinnen, die noch nicht einmal mit dem Studium fertig waren.

Mehr als in der Schule habe ich wohl im Kino gelernt. Wie ich schon sagte, kostete der Eintritt 50 Lire. Alles, was ich verdiente, lieferte ich bei meinen Eltern ab, ich hatte keine ›Laster‹, aber mit etwa zehn habe ich das Kino entdeckt, und ich begann, nach der Arbeit fast jeden Abend hinzugehen. Doch zahlte ich keinen Eintritt. Ich hatte das Vertrauen des Betreibers erlangt, auch er ein Don Vito: Einmal hatte ich gesehen, wie er zwischen dem Eingang, wo er die Karten verkaufte, und der Tür zum Kinosaal, wo er sie kontrollierte, hin- und herpendelte und so schlug ich ihm vor: »Ich stelle mich an die Tür.« Wahrscheinlich erfasste er die Ernsthaftigkeit meiner Absichten, und von da an brauchte ich keinen Eintritt mehr zu bezahlen. Dieser Don Vito war sehr zufrieden, dass ich da war und ihm half. Von der Tür zum Kinosaal aus sah ich die Filme, indem ich durch den Vorhang linste. Ich verstand fast nichts von dem, was auf der Leinwand gesagt wurde, denn in unserer Familie sprachen wir nur Dialekt, aber es waren die Bilder, die meine Aufmerksamkeit fesselten. Nach und nach gewöhnte mich das Kino auch ans Italienische.[7] Zu den Filmen, die mich damals besonders beeindruckten, gehörte neben dem schon erwähnten *Kein Friede unter den Olivenbäumen* auch *Bitterer Reis*, dessen Regisseur ebenfalls Giuseppe De Santis war. Später kamen dann noch *Spartakus* und *Ben Hur* dazu. Ab und zu schenkte mir meine Mutter die 50 Lire fürs Kino, ich gab sie allerdings nie für die Karte aus. Am Kinoeingang befand sich nämlich eine Bar, wo kleine Süßteilchen verkauft wurden. Mit jenem Geld erwarb ich einige davon und brachte sie meinen Eltern mit. Ich erzählte ihnen dann den Film, oftmals, wenn sie schon im Bett waren (im Winter gingen sie früh schlafen, denn es gab keine Heizung und das Haus war sehr kalt), und lenkte sie mit meinem Geplauder etwas von ihrem harten Alltag ab.

Betten, Kleidung und Ähren

Eine der vielen Erscheinungsformen des Elends hat mit Geometrie zu tun: Armut kann auch eine Frage des Raums sein. Unser Haus war in dieser Hinsicht nicht sehr großzügig: eng und von einer großen Familie bewohnt. Wir waren sechs Geschwister, und das hatte Folgen für unsere Nachtruhe. Da es so wenig Platz gab, schliefen wir zu dritt in einem Bett: Martino, Pietro und ich. Als wir mit der Zeit größer wurden, war die einzige Lösung, dass einer von uns mit dem Kopf zwischen den Füßen der beiden anderen lag. Die Matratze wurde mit dem gefüllt, was die Natur anbot: am liebsten Haferstroh, denn das war glatt und weich. Wenn es das nicht gab, musste Gerstenstroh genommen werden, aber das war lästig, denn die Ähren piksen. Wer sich Maisstroh leisten konnte, war am glücklichsten dran. Das Stroh wurde alle zwei Jahre gewechselt, während der Matratzenbezug selbst gemacht wurde, da viele damals einen Webstuhl zu Hause hatten, um Stoff herzustellen. Wenn die Matratze gut gefüllt war, war sie 30 bis 40 Zentimeter hoch. Wenn man sich hinlegte, sank die Stelle, auf der der Körper lag, ein, und es bildete sich eine Kuhle. Es war kuschlig, und man schlief gut, auch wenn unsere unerwünschten Schlafgefährten manchmal Wanzen waren. Da wir keine Heizung hatten, war das Haus sehr feucht, und meine Mutter wärmte uns das Bett vor dem Schlafengehen an, indem sie mit einer mit glühenden Holzkohlen gefüllten Wärmepfanne über das Bettzeug strich, damit es weniger ungemütlich war.

Während des Krieges und unmittelbar danach hatten wir Läuse. Obwohl man ständig versuchte, dagegen anzukämpfen, reichte es aus, sich einem ›befallenen‹ Menschen zu nähern, um selbst einer zu werden. Die Leute wussten nicht, wie sie zu beseitigen waren. Die Mütter suchten Stück für Stück die Köpfe ihrer Kinder ab, indem sie zunächst die Haare mit einem feinzinkigen Kamm kämmten und sie dann mit Petroleum einrieben, aber alles ohne Erfolg. Der Kampf gegen die Läuse wurde erst gewonnen, als sich in der Nachkriegszeit ein Mittel in

Pulverform verbreitete. Dieses Pulver wurde abends vor dem Schlafengehen auf dem Kopf verstreut, der danach in ein Tuch eingewickelt wurde. Am Morgen darauf war das Tuch voller toter Läuse. Es war eine der vielen Weisen, wie unsere Lebenswirklichkeit unsere Würde mit Füßen trat: Durch den Mangel an Hygiene wurden wir zum leichten Opfer von Parasitenbefall.

Wir waren immer schlecht gekleidet, jeden Tag trugen wir dasselbe Hemd und dieselbe Hose. Wenn die Sachen kaputtgingen, wurden sie geflickt, auch mehrmals, Flicken auf Flicken. Die Schuhe, die wir zur Feldarbeit nutzten, wurden auch danach genutzt. Sonntags wurden sie mit Ruß geputzt, das vom Kessel stammte, mit dem über dem offenen Feuer gekocht wurde. Auch die Schuhe wurden immer wieder vom Schuster repariert, und auch wenn er schon beim vorhergehenden Mal entschieden hatte, dass dieses das letzte Mal sei, so gelang es uns doch fast immer, ihn davon zu überzeugen, es noch einmal zu probieren.

Während des Krieges, als es uns an allem mangelte, fragten meine Eltern oft einige Bauern, die sie kannten, ob sie nach der Getreideernte die liegengebliebenen Ähren auflesen dürften. Die Bauern gestatteten dies nur Leuten, denen sie vertrauen konnten, denn die Bedingung war, dass das Ergebnis geteilt wurde. Meistens gab es nur wenige Ähren aufzusammeln, und aus der Hälfte einer Tagesnachlese gewann man in der Regel nicht mehr als vier Kilogramm Getreide. Daraus musste dann Mehl und schließlich Brot gemacht werden – wenig und mit viel Mühe verdient, aber auf ehrliche Weise.

Mit einem Bein im Grab

Die Dinge verschlechterten sich, als mitten im Weltkrieg die Felder von großer Trockenheit heimgesucht wurden. Einigen Landwirten gelang es nicht einmal, die Saat zu retten. Zudem verschärfte sich die Situation noch durch eine Heuschreckenplage, die einen Teil der Ernte vernichtete. Durch die kriegsbedingte Verknappung der Lebensmittel, die Trockenheit und den Mangel wurden die Leute schnell krank. In unserer Familie bekamen wir alle Typhus, auch eine Folge der schlechten Hygienebedingungen. Bei uns zu Hause gab es kein Bad. Neben dem Garten, in dem gekocht wurde, gab es einen kleinen Hof, in dem der Besitzer, wenn das Haus nicht vermietet war, Hühner hielt. Um unsere Notdurft zu verrichten, gingen wir alle in diesen Hof, der selten gesäubert wurde, denn Wasser gab es kaum. Man bekam es am öffentlichen Brunnen, aber oftmals wurde die Lieferung unterbrochen, unter dem Vorwand, dass die Hauptleitung kaputt sei. Es gab immer eine Dutzende von Metern lange Schlange, und es konnte passieren, dass ausgerechnet dann, wenn man endlich an der Reihe war, das Wasser abgestellt wurde, sodass man gezwungen war, mit leeren Händen nach Hause zurückzukehren. Das wenige Wasser, das wir hatten, wurde manchmal in eine Schüssel gekippt, in der wir uns alle am Abend nacheinander wuschen, wenn wir schmutzig von der Arbeit nach Hause kamen.

Unsere gesamte Familie erkrankte also an Typhus, und zwar so schlimm, dass wir uns nicht mehr auf den Beinen halten konnten. Cosmo, der kleinste meiner Brüder, war anderthalb Jahre alt, und als meine Mutter erkrankte und ihn nicht mehr stillen konnte, kümmerte ich mich um ihn. Aber das Essen war nicht gerade das geeignetste, und es war fast immer dasselbe: Ackerbohnenpüree. Der Kleine wurde ernstlich krank, er konnte das, was er aß, nicht bei sich behalten, er hatte die Ruhr. In kurzer Zeit war er nur noch Haut und Knochen, ein Gerippe mit Augen, die größer als der Kopf zu sein schienen. Er war so leicht zu bewegen wie eine Stoffpuppe. Er hatte offene Stellen und stand mit einem Bein im Grab, aber wunderbarerweise kam er mit dem Leben davon. Meine Eltern hingegen waren kaum noch bei Bewusstsein. Meine Mutter war in einem hoffnungslosen Zustand, sie konnte nicht mehr laufen, und man hatte ihr schon die letzte Ölung verabreicht. Es dauerte sieben Monate, bis sie sich erholte. Sie schaffte es, weil der Arzt, Don Donato, mit Ärzten in Bari befreundet war, wo in der Zwischenzeit ›amerikanische‹ Medikamente im Umlauf waren. Es gelang ihm, Infusionen zu besorgen, die er meiner Mutter verabreichte. Daraufhin begann sie sich zu erholen und überlebte.

In dieser Phase kam fast niemand, um uns zu helfen, nicht einmal Verwandte, weil alle Angst hatten, sich anzustecken. Hingegen half uns eine Nachbarin, eine junge Frau namens Francesca. Ihr Mann war zwei Monate nach der Hochzeit in den Krieg gezogen. An einem bestimmten Punkt gab es keine Nachrichten mehr von ihm, und sie hatte begonnen, in Ungewissheit zu leben, die ›Nerven zu verlieren‹, Marotten zu entwickeln, weil sie ihren Mann vermisste. Sie war verzweifelt. Dennoch kam Francesca ab und zu bei uns vorbei, ein bisschen, weil sie einsam war, aber vor allem, weil sie ein guter Mensch war, der anderen gern half. Auch eine andere Nachbarin, die direkt neben uns wohnte, half uns, allerdings etwas weniger als Francesca, denn sie hatte eine Familie zu versorgen. Aber wenn wir etwas brauchten, zum Beispiel Salz oder ein Streichholz zum Feuermachen, dann lieh uns diese Frau diese Sachen, ja, sie lieh sie uns, denn damals war das so. Francesca war, trotz ihrer eigenen Misere, oft in unserer Nähe und tat, was sie konnte, um uns zu helfen. Sie blieb in den schlimmsten Nächten an der Seite meiner Mutter, gab ihr zu essen und wusch sie. Und sie half ihr, als sie wieder klar war und feststellte, dass sie nicht mehr laufen konnte, weil in der langen Zeit, in der sie gelegen hatte, ihre Muskeln verkümmert waren. Sie musste begleitet und gestützt werden, und oft stand Francesca ihr dabei zur Seite. Meine Mutter war noch dabei, wieder zu Kräften zu kommen, als es meinem Vater sehr schlecht zu gehen begann. Ich hatte immer den Verdacht, dass er außer dem Typhus auch von einer Zecke gebissen worden war, denn er fantasierte, redete wirres Zeug, hatte Fieber und nässte ein. Die Ärzte sagten, dass er vielleicht eine Hirnhautentzündung habe. Die Krankheit setzte ihm so zu, dass sie aus ihm einen völlig gebrochenen Mann machte. Das Unglück überrollte ihn und verwehrte es ihm, ein Vorhaben auszuführen, das in den Monaten zuvor in ihm gereift war: nach Argentinien zu emigrieren, dorthin, wo er geboren war. Die Dokumente waren schon fertig, aber die lange Krankheit brach seine Willenskraft.

Langsam erholte auch er sich wieder, aber er behielt etwas zurück: Oftmals war er weit weg mit seinen Gedanken und sprach davon, mit allem Schluss zu machen. Wenn man Fotos ansieht, auf denen er mit am Tisch sitzt, dann wirkt er völlig abwesend, als ob er nicht da wäre. Ich glaube nicht, dass es nur die Verzweiflung über seine Unfähigkeit war, die Familie so zu versorgen, wie er gewollt hätte, sondern wahrscheinlich auch die Folge der Infektion, die vielleicht durch einen Zeckenbiss hervorgerufen worden war. Manchmal wurde er aggressiv. Einen seiner Zornesausbrüche gegen meinen Bruder Pietro werde ich nie vergessen. Es war Abend und der Tisch zum Essen gedeckt. Pietro spielte und kam zu spät. Mein Vater war wütend und warf eine Gabel nach ihm, die ihn heftig an der Nase traf, zum Glück blieben die Augen verschont. Wir anderen waren entsetzt. Damals war es schwer zu begreifen, wie ein Vater so grausam zu seinem Sohn sein konnte, aber später, als Erwachsener, habe ich darüber nachgedacht und verstanden, dass er durch die entwürdigende Armut, in der wir lebten, in einem Zustand emotionaler Erschöpfung war, der ihm das Leben vergällte und ihn in seinem Wesen verbitterte. Er war reizbar und mürrisch, weil er von der Verzweiflung niedergedrückt, vom Elend gedemütigt und gezwungen war, den ganzen Tag hart zu arbeiten, mit dem einzigen Ergebnis, dass man mit Mühe und Not überlebte und nichts besaß. Welcher Vater würde sich so verhalten, wenn er nicht ernsthafte Probleme hätte? Keiner, denke ich.

Hin und wieder wurde meine Mutter zum Blitzableiter für seinen ohnmächtigen Zorn, und einige Male waren wir Söhne gezwungen, ihn zu beruhigen, um zu verhindern, dass etwas Unwiderrufliches geschah. Das Scheitern all seiner Ambitionen hatte ihn so unausgeglichen gemacht, und auch, dass er nicht in der Lage war, seinen Kindern den kleinsten Wunsch zu erfüllen. Mein Vater, der nie Geld hatte, hat mehrere Mal versucht, sich das Leben zu nehmen, zunächst, indem er ein Medikament einnahm, mit dem man Wunden bei Tieren behandelte, später, indem er sich in einen Brunnen stürzte. Der Tod wollte ihn nicht. Er sollte erst Jahre später an Darmkrebs sterben. Vor diesen Tragödien war er ein lebhafter und fröhlicher Mensch, der gern Akkordeon spielte, aber Krieg, Krankheiten und Armut hatten seine Glückseligkeit vertrieben.

Und außerdem belastete ihn auch der Verlust seiner Tochter, die in der Zwischenzeit gestorben war. Meine Schwester Antonia war zehn, als sie krank wurde: Sie hatte über starke Bauchschmerzen geklagt, aber die Ordensschwestern im Krankenhaus hatten gemeint, das sei nur Getue eines Kindes, das ›Theater‹ spielte, aber in Wirklichkeit nichts hätte. Aufgrund der schlechten Hygienebedingungen litten wir damals alle unter Spulwürmern, die bis zu 25 Zentimeter lang waren. Als meine Schwester 1952 nach ungefähr vier Monaten schrecklichsten Leidens starb, war das grauenhaft: Sie erbrach den Inhalt ihrer Gedärme zusammen mit den Würmern. Lange Zeit später habe ich gelesen, dass Spulwürmer schwere Schäden verursachen, die bis zum Tod führen, sodass ich glaube, meine Schwester ist nicht an einer Bauchfellentzündung, wie damals gesagt wurde, gestorben, sondern an einem durch diese Würmer hervorgerufenen Darmverschluss. Das wahre Übel ist vielleicht nicht erfasst worden, weil damals keine speziellen Untersuchungen durchgeführt werden konnten und es somit schwierig war, zu einer gesicherten Diagnose zu gelangen. Ein zukünftiges Leben löste sich im Nichts auf. Ich trage ihr Foto immer bei mir: Das Bild einer verblassten Kindheit, mit den traurigen Augen einer Leidenden, der unglücklichen Schwester, die für immer Kind geblieben ist.

Während seiner Krankheit half meinem Vater ein Mann, der Giuseppe hieß. Er besaß ein beneidenswertes Gut, nämlich ein Pferd, das er in einem Trullo in der Nähe von unserem hielt. Er selbst wohnte jedoch weiter entfernt. Mit seinem Pferd pflügte Giuseppe seine Felder, aber er arbeitete auch für andere, zum Beispiel um Karren mit Holz oder Erde zu ziehen. Er stand früh auf, noch vor dem Morgengrauen, und kam von seinem Haus zum Trullo, um das Pferd zu füttern, sodass er mit dem ersten Sonnenstrahl mit seinem wertvollen Tier zu arbeiten beginnen konnte. Als er die Schwere unserer Situation begriff, insbesondere die meines Vaters, sagte er uns, dass er am Morgen, nach dem Füttern des Pferdes, zu uns käme, um uns zu helfen. Er kümmerte sich um unseren Vater, der apathisch im Bett lag. Er zögerte nicht, ihn zu betreuen. Nichts als sein Gewissen bewegte ihn zu dieser Entscheidung, weshalb ich mich dankbar an ihn erinnere.

Francesca und Giuseppe haben uns wirklich sehr geholfen: Sie haben unsere Leben gerettet. Von Francescas Ehemann hörte man nichts mehr, und sie vermisste ihn so fürchterlich, dass sie krank darüber wurde. Sie erzählte immer, dass sie von ihm träumte, ihn verstümmelt sah, von einem Panzer zerquetscht. In jener Zeit berichteten viele davon, was an der Front geschah, und manchmal kam jemand ohne Beine aus dem Krieg zurück. Francesca begann, unter Visionen zu leiden: ihr Mann getroffen, von einer Bombe zerfetzt, tot, ohne Beine. Sie ließ ihn suchen, aber umsonst. Letztendlich wurde er als vermisst erklärt. Sie verlor den Verstand und starb sehr jung, mit nur 31, im Jahr 1946. Jedes Mal, wenn ich nach Alberobello komme, besuche ich ihr Grab auf dem Friedhof. Es fällt mir schwer zu akzeptieren, dass der Name und die Geschichte dieser jungen Frau eines Tages wahrscheinlich vergessen sein werden. Ich frage mich, warum das Gute weniger Geräusch als das Böse macht, aber ich habe keine Antwort. In meinem Inneren bewahre ich ihre Lektion in Menschlichkeit, die aus Mitgefühl und der Sorge um andere bestand. Ich halte ihr Andenken in Ehren, indem ich versuche, anderen zumindest einen Teil des Guten zurückzugeben, das mir widerfahren ist.

All das passierte wegen dieses verdammten Krieges. In Alberobello gab es keine Gefechte oder Zerstörungen von Häusern. Die Amerikaner und die Deutschen, die hier auf ihrem Weg von Taranto nach Bari durchkamen, verursachten nur wenige Schäden. Es wurden ein paar Schüsse in die Luft abgegeben, die viel Angst hervorriefen. Sobald gemunkelt wurde, dass die Deutschen im Anmarsch wären, rief meine

Mutter mich und meine Geschwister nach Hause und verriegelte die Tür, aber glücklicherweise zogen sie in Richtung Norden ab. Bei uns in der Nähe lebte eine Frau mit ihrer Tochter, einem jungen Mädchen von etwa sechzehn Jahren. Den Vater habe ich nie gesehen, sie sagten, der sei im Krieg. Vor ihrer Tür gab es immer eine Schlange mit amerikanischen Soldaten, die Mutter und Tochter missbrauchten. Niemand griff ein. Ihre Schreie waren weithin zu hören. Als es den beiden Frauen gelang, den Eingang zu verriegeln, versuchten die Soldaten mit Gewalt einzutreten, indem sie auf die Tür eintraten und mit dem Gewehrkolben dagegen schlugen. Die beiden Frauen waren keine Prostituierten, wie manche vermuteten, sondern von Not und Hunger getrieben hatten sie den Fehler begangen, ihre Körper einzusetzen, um von den Soldaten Kekse, Schokolade und ein paar Büchsen mit Fleisch zu bekommen. Nachdem sich unter den Soldaten herumgesprochen hatte, dass sie dort ihren Trieben freien Lauf lassen konnten, war dieses Haus zu einem Ort von Missbrauch und Gewalt geworden.

Bei Kriegsende

Ab dem Kriegsende versuchten die Amerikaner, die Bevölkerung, zumindest teilweise, vom Hunger zu befreien, und schickten Mehl, Milchpulver, Erbsmehl und anderes. Bei der Verteilung gab es keine Ordnung: Sobald man erfuhr, dass Lebensmittel ankommen sollten, bildete sich eine lange Schlange vor den Ausgabestellen. Der Hunger machte die Menschen zu blinden Egoisten. Man kämpfte, um sich das Beste zu sichern, was es gab, aber oft kehrte man mit leeren Händen nach Hause zurück. Wenn man glücklicherweise drankam, bevor alles verteilt war, konnte es geschehen, dass man etwas erhielt. Die vielschichtigen politischen Motive dieser Hilfslieferungen blieben uns natürlich verborgen; was zählte, war, dass die Sieger jetzt auch als die ›Guten‹ auftraten, indem sie versuchten, die Not einzudämmen, die das Leben der ehemalig feindlichen Italiener belastete.

Nach dem Krieg wurde unser Leben besser, wenn auch zunächst nur geringfügig. Wenigstens gelang es nun, uns im Zustand einer würdevollen Armut durchzuschlagen, selbst wenn es immer noch darum ging, hart zu arbeiten, mit dem einzigen Ziel, das Nötigste zum Überleben zu verdienen, ohne die Hoffnung zu haben, etwas zur Seite legen zu können, um sich eine bessere Zukunft aufzubauen. Jahrelang war unsere Situation nicht anders als von mir auf den vorangegangenen Seiten beschrieben. Aber 1955 eröffnete sich eine neue Möglichkeit: Zwischen Italien und Deutschland wurde ein Abkommen vereinbart, auf dessen Basis Deutschland italienische Arbeitskräfte anwerben konnte und sollte. Beide Länder hatten dringende Gründe, die Übereinkunft abzuschließen. Italien ging es darum, die kritische Situation im Süden des Landes, die von hoher Arbeitslosigkeit, Armut und Elend geplagt war, zu lösen – auch wenn dies nur teilweise und zeitweilig gelang –, Deutschlands Problem hingegen war der Mangel an Arbeitskräften. Die linke Opposition in Italien, allen voran die Kommunistische Partei (PCI), warf der christdemokratischen Regierungsmehrheit vor, für die hohe Arbeitslosenquote verantwortlich zu sein. Die Vereinbarung diente dazu, der Linken zu zeigen, dass die Regierung ernsthafte Anstrengungen unternahm, um die Arbeitslosenquote zu senken. Es gab welche, die behaupteten, dass es den Regierungskräften auf diese Weise gelungen sei, die sprichwörtlichen zwei Fliegen mit einer Klappe zu schlagen: einerseits sich von einem Teil der Arbeitslosen zu ›befreien‹, andererseits durch die Überweisungen der Emigranten in die Heimat den Geldfluss aus dem Ausland zu begünstigen, was zur Stabilisierung der wirtschaftlichen Situation Italiens, insbesondere Süditaliens, beitrug.

Die Vereinbarung betraf ausschließlich ein paar wenige Arbeitsbereiche: Landwirtschaft, Bergbau, Bau. Zudem gab es weitere rigorose Einschränkungen: Insbesondere waren die Verträge auf ein Jahr begrenzt, und ihre Anzahl variierte je nach dem deutschen Bedarf an Arbeitskräften in den einzelnen Branchen. Außerdem, und das wurde als unabdingbar vorausgesetzt, mussten die Bewerber gesund sein und über die für den jeweiligen Arbeitsbereich erforderliche körperliche Konstitution verfügen. Zu diesem Zweck waren Besuche bei zwei Ärztekommissionen vorgesehen: einer bei einer italienischen Kommission in Bari und der andere bei einer deutschen Kommission in Verona. Die Untersuchungen waren sehr genau, und schon die geringste Kleinigkeit genügte, um wieder nach Hause geschickt zu werden. Viele wurden zurückgeschickt, weil ihre Zähne kaputt waren oder teilweise fehlten.

Aufbruch in die Emigration

Die Nachfrage Deutschlands nach Arbeitskräften war ein Segen für Italien, aber nicht für die Italiener. Sicher, am Anfang schien es so, als ob die Emigration die ökonomischen Probleme in den Familien lösen könnte. In vielen Fällen gelang dies für eine gewisse Zeit, aber der Preis, den die zahlen mussten, die weggingen, war enorm: Man musste Familie und Freunde, den Heimatort, ein Land voller Sonne hinter sich lassen. In dem Land, in dem man als Emigrant ankam, fand man eine vollständig andere Kultur und eine Mentalität vor, die häufig Fremden gegenüber nicht sehr aufgeschlossen war. Oftmals war man nicht mal der eigenen Sprache richtig mächtig (die Emigranten aus Süditalien sprachen wie bereits erwähnt meist nur den Dialekt ihrer Region und kaum Italienisch), und die Sprache des Landes, in das man zum Arbeiten ging, erwies sich als schwierig zu lernen. Die Regierungen Deutschlands und Italiens hatten, als sie das Abkommen vereinbarten, all diese Probleme nicht berücksichtigt, weil sie diese, meiner Ansicht nach, nicht berücksichtigen *wollten*. In Hinblick auf all die Folgen, die sich daraus ergaben, ist es für mich keine Übertreibung, diesen durch Regierungsabkommen abgesicherten Massenexodus als eine Form moderner Sklaverei zu bezeichnen.[8]

In ein anderes Land zu fahren, um dort zu arbeiten, ist etwas völlig anderes, als dorthin in Urlaub zu fahren. Man kommt mit einem Vertrag, der genau einzuhaltende Bedingungen enthält und der wenige Rechte, aber viele Pflichten vorsieht. Es bringt überhaupt nichts, diesen Zustand mit plumpen Wortschöpfungen schönzufärben, denn diese können die eigentliche Wahrheit letztendlich nicht verbergen: Wir wurden als ›Gastarbeiter‹ bezeichnet – in einem Land, in dem wir niemanden kannten. Im Übrigen erscheint mir der Begriff ›Gastarbeiter‹ auch heute noch sonderbar, denn ich habe noch nie von irgendeinem Ort auf der Welt gehört, wo der Gast arbeiten muss. Aber wer die Wörter aussuchen musste, um unseren Zustand als eingewanderte Arbeiter zu beschreiben, hat wahrscheinlich gedacht, dass ›Gastarbeiter‹ weniger diskriminierend sei als das die Situation besser treffende Wort ›Fremdarbeiter‹. Ja, denn wer einmal diesen Schritt gemacht hat, bleibt für immer fremd, egal wohin er geht, und wer einige Jahre nicht in seinen Heimatort zurückkehrt, wird auch dort zum Fremden. Das passiert, weil sich in der Zeit der Abwesenheit viele Dinge zu Hause ändern: in der wirtschaftlichen Entwicklung, im gesellschaftlichen Leben, in der Sprache. Man erkennt den eigenen Ort nicht wieder. Ein anderer wichtiger Punkt ist, dass mit der Zeit aus vielerlei Gründen viele Freunde und Verwandte nicht mehr da sind, sodass sich der Emigrant, der dort fast niemanden mehr kennt, auch zu Hause als Fremder fühlt. In Deutschland bist du für die Deutschen ein Italiener. In Italien bist du für die Italiener ein Deutscher. Ich erinnere mich, dass Verwandte und Nachbarn, wenn sie mich und meine Frau meinten, meine Mutter häufig »Wann kommen die Deutschen?«, oder »Wann fahren die Deutschen wieder?« fragten.

Der Emigrant muss sich unentwegt anstrengen, um in seinem Inneren in einem fragilen und immer hin und her schwingenden Gleichgewicht Vergangenheit und Gegenwart zusammenzuhalten. Oftmals erweist sich das, was wie eine gelungene Integration aussieht, als eine Überwältigung durch die Kultur des Einwanderungslandes, eine Überwältigung, die der Emigrant als inneren Konflikt mit dem Neuen, das das Alte zu ersetzen versucht, erlebt. In vielen Fällen ist das Ergebnis dieser Richtungskämpfe eine Pattsituation, die Unfähigkeit, sich mit einem anderen kulturellen Selbst zu identifizieren, eine Form der Spaltung, eine Art Schizophrenie: zurückgehen oder bleiben, bleiben oder wegfahren?

Ich kenne einen Apulier, der so hart in Deutschland gearbeitet hat, dass er sich die Gesundheit ruiniert hat. Bei Volkswagen hat er in der Galvanik gearbeitet, dem Bereich, wo die Verchromungen gemacht werden, und zwar mittels Tauchbädern, deren aufsteigende Dämpfe seine Lungen angegriffen haben. Nach der Arbeit in der Fabrik verdiente er sich bei einem Gärtner noch etwas dazu. Seine mühevoll zur Seite gelegten Ersparnisse investierte er in die Sanierung eines Einfamilienhauses, das er von seinen Eltern geerbt hatte. Nachdem er in Rente gegangen war, kehrte er mit seiner Frau und seinen drei Kindern, die in Deutschland geboren und aufgewachsen waren und von Italien keine Ahnung hatten, nach Apulien zurück, mit dem Gedanken, das Leben in dem Haus zu genießen, das er hergerichtet hatte. Es lief nicht so, wie er gehofft hatte: Er fühlte sich unwohl, desorientiert, fremd sogar im eigenen Dorf. Er blieb zwei Jahre. Letzten Endes beschloss er, alles zu verkaufen und nach Venetien zu ziehen, wo seine Tochter lebt. Wir telefonieren oft miteinander. Er ist ein gebrochener Mann, der nicht mehr weiß, wer er ist. Seine Söhne sind danach ganz aus Italien weggegangen, Marionetten der Umstände, Opfer einer Politik ohne Weitsicht. Ähnliche Dramen gibt es unzählige: Es sind die Geschichten aller Frauen und Männer, die die Migrationserfahrung gezwungen hat, in der ungewissen Erwartung zwischen Vergangenheit und Zukunft zu leben. Meiner Meinung nach ist der Schmerz, den dieses Hin- und Hergerissensein verursacht hat, noch nicht in angemessener Weise von den Betroffenen selbst erzählt worden. Wenn das einmal so weit sein wird, wird man begreifen können, welch große psychische Tragödie die Emigration ist.

Mein Bruder Pietro war 1957 der erste aus unserer Familie, der gen Deutschland reiste. Ich sollte ihm ein Jahr später folgen. Zu seinem Glück gab es niemand, der ihm Steine ihn den Weg legte oder, um es klar und deutlich zu sagen, das Gerücht gestreut hätte, er sei Kommunist. Damals, im Klima des Kalten Krieges, konnte in Italien schon der Verdacht, mit dem Kommunismus zu sympathisieren, bei der Suche nach Emanzipationsmöglichkeiten einen Nachteil darstellen, da die christdemokratischen Institutionen der ›roten‹ Ideologie feindselig gegenüberstanden, die sie als dämonischen Feind betrachteten, den es zu bekämpfen galt. Politisches ›Weißsein‹[9] hingegen stellte oft ein sicheres Ticket für den schnellen sozialen Aufstieg dar. Viele Emigranten könnten Geschichten von den Schwierigkeiten erzählen, die sie damals bei der Suche nach Arbeit erlitten haben, weil denjenigen, auf die es ankam, die Unterstützung für die Christdemokraten zu lasch erschien.

Pietro unterschrieb einen Vertrag für ein Jahr Arbeit in der Landwirtschaft. Nach seiner Abreise fragte ich mich oft, wie es ihm wohl gehen mochte, welche Schwierigkeiten er meistern musste, wie sehr ihm die Einsamkeit etwas ausmachte und die vor allem am Anfang schreckliche Hürde, eine neue Sprache zu lernen. Ein junger Mann von 21 Jahren, so alt war er damals, mit wenig Lebenserfahrung, war gezwungen, seine Familie zu verlassen, um sie vor dem Ruin zu bewahren: eine Jugend, von einer Realität gezeichnet, die dem legitimen Wunsch nach menschlicher Normalität gegenüber feindlich gesinnt war. Jeden Monat schickte er sein verdientes Geld, aber mit welchem Verlust wurde diese Errungenschaft tagtäglich bitter bezahlt: Einsamkeit, Heimweh, Entfernung von den Liebsten.

In Hinblick auf die Belastungen, die die Emigration mit sich brachte, gibt es eine Episode, die mir damals viel zu denken gab. Aus Alberobello waren außer Pietro noch etwa 15 andere Männer weggegangen, und einige von ihnen begannen nach einiger Zeit regelmäßig eine Spende an die katholische Kirchgemeinde im Ort zu schicken. Meine Mutter war religiös, aber definitiv keine Kirchgängerin. Ihr Glaube war etwas Konkretes, das sich rituellen Handlungen entzog, ich kann mich nicht daran erinnern, dass sie auch nur ein einziges Mal in die Kirche gegangen wäre. Jedoch gab es Leute, die jeden Morgen hingingen, und meiner Mutter berichteten, der Priester habe in seiner Predigt diejenigen der aus Alberobello ins Ausland Emigrierten namentlich erwähnt, die eine Spende geschickt hätten. Zwar wurden die Namen der ›anderen‹ nicht genannt, aber die Botschaft war klar. Meine Mutter kam nach Hause und sagte uns, wir müssten unserem Bruder schreiben und ihn bitten, dem Priester Geld zu schicken: Der psychologische Druck durch das Gemeinschaftsurteil hatte seine unangenehme Wirkung gezeigt. Die katholische Kirche hatte, als das bilaterale Abkommen vereinbart worden war, ein soziales Hilfsnetz gebildet, aber als ich 1958 nach Deutschland ging, hatte ich davon keine Ahnung, obwohl ich kurz darauf mit Überraschung von seiner ›Effizienz‹ erfahren sollte.

Von diesem Moment an hat mein Vater seine Kinder nie wieder alle zusammen gesehen. Pietro ging 1957, ich im Jahr darauf, Martino 1961

Mit meiner Familie im Jahr 1958, kurz bevor ich nach Deutschland emigriert bin. Von links: meine Schwester Maria, mein Bruder Martino, meine Mutter, mein Vater, ich und mein Bruder Cosmo. Mein Bruder Pietro ist nicht dabei, denn er arbeitete schon seit einem Jahr in Deutschland.

nach Argentinien, Cosmo 1963 nach Deutschland. Wir sollten uns letztendlich erst 1978 alle zusammen wieder in Alberobello treffen, als Martino das erste Mal zurück nach Italien kam. Mein Vater war da schon lange tot. Wer zu verstehen vermag, was das für eine Familie bedeutet, hat verstanden, was Emigration heißt.

Nach einem Jahr in Deutschland erhielt Pietro von seinem Arbeitgeber auch für mich eine Arbeitsanfrage. Der Jahresvertrag, mit dem ich eingestellt werden sollte, war der gleiche wie seiner. Als Arbeitszeit waren täglich acht Stunden vorgesehen, obwohl es später real fast immer zehn wurden. Man arbeitete von montags bis freitags sowie einen halben Tag am Samstag, aber oft auch da den ganzen Tag. Der Verdienst waren 180 Mark im Monat, was, wenn ich mich recht entsinne, 27.000 Lire entsprach. Das war eine ordentliche Summe, wenn man bedenkt, dass in Alberobello ein Tag Feldarbeit von Sonnenaufgang bis Sonnenuntergang mit höchstens 400 Lire bezahlt wurde, ohne jegliche Versicherung. Daraus folgt, dass die Summe, die man monatlich in Deutschland verdiente, mehr als doppelt so hoch war wie das, was im günstigsten Fall in unseren wirtschaftlich daniederliegenden Gegenden zu verdienen war.

Ich verließ Alberobello am 2. Juli 1958.

Am Abend vor meiner Abreise kamen fast alle Verwandten und Freunde, um mich zu verabschieden. Zu jener Zeit war die Trennung für diejenigen, die ins Ausland gingen (aber auch für die, die zurückblieben), eine wirklich schwierige Angelegenheit, ähnlich der, so sagte man, einen ›Berg zu zerteilen‹: Der Schmerz wurde von dem Bewusstsein vergrößert, dass es nicht einfach sein würde, sich bald wiederzusehen, denn eine Reise über 2000 Kilometer war damals nicht so ohne Weiteres möglich. Ich erinnere mich an die Tränen bei einigen der Anwesenden, die von Trostworten und Glückwünschen begleitet waren. Einige Verwandte brachten kleine Geschenke mit, wie Handtücher oder ein Paar Socken. Mein Onkel Giuseppe schenkte mir ein weißes Taschentuch, das ich immer noch habe: Es ist eine wichtige Erinnerung an meine Emigrationserfahrung, die immer auf meinem Schreibtisch liegt, auch wenn es inzwischen nicht mehr weiß ist, sondern völlig schwarz, denn leider ist es mal zwischen die falsche Wäsche geraten!

Am Abreisetag brachten mich mein Vater und Cosmo, der damals noch klein war, zum Bahnhof. Ich hatte keine einzige Lira in der Tasche, aber die unvermeidlichen Pappkoffer dabei, vielsagendes Symbol einer prekären Existenz, die bereit ist, wirklich alles zu wagen, um einer Hoffnung zu folgen. Als wir aus dem Haus traten, bemerkten wir, dass alle Nachbarn zum Abschiedsgruß draußen standen. Es waren sehr viele, denn das Viertel Aia Piccola, in dem wir wohnten, war dicht bevölkert, damals war kein einziger Trullo frei. Auf einfache und direkte Weise wünschten sie mir Glück und eine gute Reise. Während der Verabschiedung bat mich meine Mutter flehend: »Schreib bald! Schreib bald!« Sobald ich in Deutschland war, schnürten mir diese Worte oft das Herz ein, denn ich wollte wohl schreiben, aber es gelang mir nicht. Diese Bitte und ihr laut geäußerter Wunsch nach Erfüllung, als ich von zu Hause wegging, haben sich mir ins Gedächtnis eingebrannt, und auch jetzt spüre ich, während ich von diesen weit zurückliegenden Erlebnissen erzähle, tiefes Bedauern, dass ich mich mit meinen Eltern nicht so häufig und in der Weise verständigen konnte, wie ich es gewollt hätte.

An die Entfernung gewöhnt man sich nicht: Die letzten Telefonate mit meiner Mutter, kurz bevor sie starb, waren immer erwartungsvoll aufgeladen. Alles, was sie wissen wollte, war: »Wann kommst du?« Ich verstand, dass sie mich in ihrer Nähe haben wollte, aber ich dachte nicht, dass ihr Ende so nah wäre. »Mama, gedulde dich noch ein bisschen, ich komme im September«, antwortete ich ihr. Aber September erwies sich als zu spät. Es gibt eine Zeit, um bestimmte Dinge zu tun, und oftmals verpassen wir die und haben dann das ganze Leben lang ein schlechtes Gewissen. Die Geschichte der Emigration ist auch eine Geschichte unzähliger versäumter Begegnungen, verpasster Verabredungen und ungesagter Abschiedsworte.

Kurz vor meiner Abreise war meine Wut auf dieses entbehrungsreiche Leben in der Not, das wir führen mussten, so groß, dass ich mir geschworen hatte, nie wieder nach Italien zurückzukommen. Am Abreisetag selbst hingegen änderte ich meine Meinung: Es war für alle ein Tag voller Schmerz, und ich begann zu verstehen, was ich dabei war zu verlieren. Nur meine jugendliche Abenteuerlust hielt mich davon ab, von meinem Vorhaben, wegzugehen, abzusehen. Von unserem Haus bis zum Bahnhof waren es ungefähr 600 Meter, die wir zu Fuß zurücklegten. Ich hatte zwei Koffer dabei, der kleinere war von meinem Bruder Martino genutzt worden, als er zum Militär eingezogen worden war, der andere, nur wenig größer sowie alt und abgenutzt, hatte einem Onkel gehört, der eine Zeitlang in den USA gearbeitet hatte. Er und seine Frau hatten keine Kinder gehabt, und so hatten Pietro und ich sie in den letzten Lebensjahren unterstützt, als das Alter sich auf heftige Weise bei ihnen bemerkbar gemacht hatte und sie schwach und anfällig für Krankheiten werden ließ. Es war nicht einfach für uns, sie zu betreuen. Wir waren noch Kinder, aber wir wurden gebeten, uns um ihre Angelegenheiten zu kümmern, darunter ihre körperlichen Bedürfnisse, was eigentlich nichts für Kinder war. Bei ihrem Tod bat ich lediglich um diesen Koffer für mich, auch wenn er verschlissen war. Aber um ihn zu bekommen, musste ich mit anderen Verwandten kämpfen, die damit nicht einverstanden waren. Ich hätte niemals gedacht, dass um einen Gegenstand von so lächerlichem Wert beinahe ein Familienkrieg ausbrechen könnte. Kurz vor dem Bahnhof fand Cosmo, der noch sehr verspielt war und überall umherhüpfte, im Abwasserkanal etwas, das ein verheißungsvolles Zeichen zu sein schien: ein 500-Lire-Stück! Unser Vater bat ihn, es mir zu geben, und mit dieser unverhofften Gabe stieg ich als Emigrant in den Zug ein, der mich nach Deutschland bringen sollte.

Ungefähr um neun Uhr morgens fuhr ich los. Ich weiß nicht, warum der Abschied von meinem Vater und meinem Bruder nicht so schmerzlich war wie der von den Freunden und Verwandten zu Hause – eine feste Umarmung und los ging's. Ich hatte die notwendigen Dokumente bei mir: den Reisepass, der 300 Lire gekostet hatte, und die Genehmigung des Militärs, ohne die ich nicht abreisen durfte. Die unbefristete Beurlaubung wurde mir nach zehn Jahren Aufenthalt in Deutschland gewährt. Es war das erste Mal in meinem Leben, dass ich eine so weite Zugreise unternahm. Die Route sah zunächst einen kurzen Aufenthalt in der Provinzhauptstadt Bari vor. Obwohl nur etwa eine Zugstunde von Alberobello entfernt, war ich auch hier noch nie gewesen. Zum Glück befand sich die Sanitätsdienststelle, wo ich von einer Ärztekommission untersucht werden sollte, in der Nähe des Bahnhofs. Die Untersuchung war streng: Außer der Feststellung, dass meine Zähne kaputt waren, aber nicht so sehr, um zurückgewiesen zu werden, wurde eine leichte Entzündung entdeckt, die ich mit zwei Tabletten, die mir gegeben wurden, kurieren sollte. Das gesamte Verfahren war um 17 Uhr abgeschlossen und mir wurden die entsprechenden Dokumente ausgehändigt, die ich bei der deutschen Gesundheitskommission und dem Auswanderungsbüro in Verona vorzeigen sollte. Auf den Zug nach

Verona musste ich bis 22 Uhr warten, wo ich am Morgen darauf ankommen sollte. Als ich endlich im Zug war, suchte ich mir einen bequemen Platz für die Nacht. Die Sitze waren mit rotem Samt bezogen, sodass Abschiedsschmerz und die Müdigkeit des Tages durch diesen komfortablen Luxus etwas gemildert wurden. Dieser Genuss hielt jedoch nicht lange an: Nach etwa zwanzig Minuten kam zwangsläufig der Zugschaffner, der mir erklärte, dass ich mit meiner Fahrkarte der zweiten Klasse hier leider nicht bleiben könnte: Ich hatte mich in die erste Klasse gesetzt. Sehr enttäuscht fragte ich ihn, warum ich gehen müsse, wenn doch das ganze Abteil leer sei: Es war so schön in dieser Julinacht, mit einem Mondschein, den ich nie vergessen werde. Letzten Endes wurde der Schaffner, der ahnte, welcher Zukunft ich entgegenfuhr, von einem Ausbruch von Menschlichkeit, der ihn freundlich und verständnisvoll machte, bewegt. Ich durfte bleiben, aber sobald jemand käme und meinen Platz beanspruchte, müsste ich in die zweite Klasse gehen. Daraufhin streckte ich mich aus und versank in tiefen Schlaf.

Nachdem wir am nächsten Morgen in Verona angekommen waren, wurde ich von der deutschen Kommission einer Untersuchung unterzogen, die nicht weniger streng war als die italienische. Glücklicherweise lief alles gut, und am Abend fuhr ich gen München. Am Bahnhof in München kamen zwei Ordensschwestern auf mich zu, die mich zu meiner großen Überraschung mit meinem Namen begrüßten. Sie überreichten mir ein Körbchen mit einigen Scheiben Brot, etwas Salami, Käse, zwei Äpfeln und etwas zu trinken und zeigten mir, von welchem Gleis ich weiterfahren musste. Ich entdeckte, dass dies ein Teil der ›Sozialhilfe‹ war, in die die Caritas einbezogen war. Die Nonnen erklärten mir, dass meine Reise bis nach Hannover dauern sollte. Der Name erschreckte mich: Wie weit entfernt würde eine Stadt sein, deren Name so wenig ›mediterran‹ klang? Sehr weit, dachte ich mir. Im Übrigen hatte ich schon vor meiner Ankunft in München das Gefühl gehabt, mich verirrt zu haben. Man kam nie an: Die Reise dauerte fast drei Tage. Es war unerträglich heiß und das Wasser, das ich bei mir hatte, bald ausgetrunken. Ich begann meine jugendliche Kühnheit zu verlieren und auch meinen Mut: Ich fürchtete, in die falsche Richtung zu fahren. Der Zug überwand einen Horizont nach dem nächsten, und ich konnte mir nicht vorstellen, dass der Ort, zu dem ich fahren sollte, so weit entfernt war. In Italien hatte man mich, selbst wenn ich Dialektausdrücke benutzt hatte, verstanden, wenn ich Informationen erfragt hatte. Hinter der Grenze hingegen, wo ich unablässig den deutschen Schaffner fragte, wo wir seien, und ihm meine Fahrkarte zeigte, bedeutete er mir in Zeichensprache, sitzen zu bleiben. Man muss wie ich zwanzig Lebensjahre voller Mühsal, Ausbeutung, Armut und Unwissenheit mitgemacht haben, um die ängstliche Unruhe eines jungen Mannes zu begreifen, der die Welt nicht kannte und sich mit einem Zug herumquälte, der auf fremdem Gebiet unterwegs war. Ich schaute unablässig aus dem Fenster und hoffte, etwas zu erblicken, das mir meine baldige Ankunft anzeigte. Die Stunden wurden immer länger. Nach einiger Zeit bemerkte eine deutsche Frau meine Unruhe bei meinen Versuchen, Informationen vom Schaffner zu erhalten, und beruhigte mich. In gutem Italienisch erklärte sie mir, dass ich keine Angst zu haben bräuchte, sie würde nach Hamburg fahren und mir kurz vor unserer Ankunft in Hannover Bescheid sagen. So kam ich ohne weitere Qual an meinem Ziel an.

Sobald ich ausgestiegen war, kam mir ein Mann entgegen, der mich mit »Guten Tag, Herr Annese!« begrüßte. Zum zweiten Mal war ich erschrocken und fragte mich, wer dieser Mann sei und woher er meinen Namen kannte. Für einen Moment dachte ich, mein Dienstherr, bei dem ich arbeiten sollte, hätte jemanden geschickt, um mich abzuholen, aber der Mann stellte sich als Priester vor, obwohl er Zivilkleidung trug. Bis dahin hatte ich noch nie einen Priester ohne Talar gesehen, und diese Sache erstaunte mich sehr. Er war der für Niedersachsen zuständige italienische Geistliche. Nach ein paar kurzen Hinweisen erklärte er mir, dass meine Reise noch nicht zu Ende sei und ich einen weiteren Zug nach Wolfsburg zu nehmen hätte. Dann begleitete er mich zum Gleis, wo der Zug schon bereitstand, und in der kurzen Wartezeit bis zu meiner Abfahrt erzählte er mir, dass er einmal im Monat in den umliegenden Dörfern die Messe lese und ich Einladungen dazu mit dem Datum erhalten würde. Tatsächlich kamen diese dann regelmäßig.

Das war, im Wesentlichen, die Sozialhilfe der katholischen Kirche: ein Körbchen mit einer bescheidenen Mahlzeit in einem Durchgangsbahnhof, ein paar Hinweise zum weiteren Reiseverlauf an einen verschüchterten Emigranten, Einladungen zur Messe, nicht viel mehr. Nach und nach fand ich heraus, dass die Kirche immer über alle Reisedetails der Emigranten auf dem Laufenden war: wohin es ging, wann es losging, wann man ankam, welche Arbeiten auf sie warteten. Ja, das war die ›Sozialhilfe‹, die ich im Nachhinein, ehrlich gesagt, nicht mit uneingeschränkter Zustimmung betrachten oder beurteilen kann.

Zwischen Hannover und Wolfsburg liegen ungefähr 100 Kilometer. Der Zug brauchte stundenlang dafür, denn er hielt an jeder Station. Auch auf diesem letzten Abschnitt meiner Reise begann ich ab einem bestimmten Punkt, dem Schaffner meine Fahrkarte zu zeigen, aus Angst, die richtige Station zum Aussteigen zu verpassen. Am 6. Juli 1958, kurz vor Mitternacht, kam ich in Wolfsburg an. Am Bahnhof wartete mein Bruder zusammen mit dem Arbeitgeber auf mich. Es war seltsam und bewegend, meinen Bruder nach so langer Zeit an einem so weit entfernten Ort wiederzusehen. Aus der Sicht von heute erscheint es mir als eine inakzeptable Ungerechtigkeit, dass unsere Familie gezwungen war, auseinanderzubrechen und das Trauma der Trennung zu erleben. Aber in jenem Moment war ich bei meinem großen Bruder, und auch wenn ich müde war, fühlte ich doch nicht die Angst desjenigen, der eine so unbekannte Erfahrung allein machen muss. Wir stiegen ins Auto des Arbeitgebers und fuhren nach Bokensdorf, dem Ziel meiner Reise. Mein erster Eindruck von diesem Dorf mit seinen ungefähr dreihundert Seelen war erschütternd: Es lag vollständig in Dunkelheit versunken, da es keine Straßenlaternen gab, während Alberobello zu jener Zeit schon beleuchtet war. Nachdem ich die Koffer in dem Zimmer gelassen hatte, in dem ich schlafen sollte, fragte Pietro mich, ob ich etwas gegessen hätte oder ob ich überhaupt hungrig wäre. Natürlich hatte ich Hunger. Das Brot, das sie mir in München gegeben hatten, hätte nicht gereicht, um den normalen Appetit eines Menschen zu stillen, geschweige denn meinen, der ich mein ganzes bisheriges Leben unter Hunger gelitten hatte! Zudem war der Käse, den es zum Brot dazu gab, ›verdorben‹, voller Schimmel, und mit einem Anflug von Empörung hatte ich gedacht, sie würden uns Emigranten verdorbenes Essen geben, und hatte ihn deshalb weggeworfen. Ich kannte damals nämlich keinen Gorgonzola. Das sind sie, die Auswirkungen der Unwissenheit: Man kennt keine Sprachen, Sitten und Gebräuche außer den eigenen, und die Folgen sind unweigerlich falsche Urteile und Handlungen.

Pietro, der mir ansah, welch großen Hunger ich hatte, brachte mich zu einem Gasthof, der noch geöffnet war, es war schon nach Mitternacht. Ich bestellte Bockwurst. Als der Kellner sie mir brachte, stellte er mir separat den Senf dazu, der mit seiner gelben Farbe in meinen Augen, um es nett auszudrücken, wie kindliche Exkremente aussah. Erst nach und nach begann ich in den folgenden Monaten, auch mit dem Essen vertrauter zu werden. Am nächsten Morgen um sechs kam der Arbeitgeber, um mich zu wecken: Die Arbeit erwartete mich. Vor dem Frühstück musste ich erst den Schweinestall saubermachen, sicherlich, um mich auf die Probe zu stellen: Also um herauszufinden, ob ich wirklich in der Lage war, das zu tun, was sie brauchten. Sie benötigten arbeitsame Leute, keine weiteren Mäuler zum Stopfen. Ich machte meine Arbeit tadellos. Und so begann ich in der Landwirtschaft des ›gastfreundlichen‹ Deutschlands zu arbeiten. Eines Deutschlands, in dem ich zu bleiben entschlossen war.

Pietro hingegen wollte nicht bleiben. In Kürze würde sein Jahresvertrag enden, aber er wollte schon jetzt weg. Und schließlich ging er nach Apulien zurück. Ich hingegen blieb. Ich tat dies aus Stolz, um nicht nachzugeben, weil ich keine Niederlage erleiden wollte. Ich wollte nicht, wenn ich nach Hause zurückgekehrt wäre, hören, wie die Leute über meine gescheiterte Emanzipation lachten. Natürlich hatte ich Heimweh, war es schmerzlich, dass meine Eltern und alle meine Lieben generell so weit weg waren. Die Kälte tat das Ihrige, mit Temperaturen, an die wir in Italien nicht gewöhnt waren. Das ›neue‹ Essen war oft schwer zu verdauen für einen Magen, der ganz andere Speisen gewohnt war. Die neue Sprache gehörte nicht gerade zu den am einfachsten zu lernenden. All diese Dinge führten mehr als einmal zu völliger Mutlosigkeit bei mir. Aber ich wollte nicht aufgeben. Und ich gab nicht auf.

In Deutschland

Am Abend nach meinem ersten Arbeitstag zeigte Pietro mir das Dorf. Es dauert nicht lang, ein so kleines Dorf in seiner ganzen Länge und Breite zu erkunden. Während unseres Spaziergangs trafen wir zwei junge Frauen, die Pietro schon kannte. Eine der beiden war die Tochter eines Mannes, der ebenfalls bei unserem Arbeitgeber arbeitete. Sie hieß Frieda. Nachdem er uns einander vorgestellt hatte, setzte Pietro das Gespräch mit der anderen fort, und ich, der nicht ein Wort Deutsch sprach, fragte mich, wie ich mich mit Frieda verständigen könnte. Glücklicherweise begann der Himmel just in jenem Moment, einen kräftigen Regenguss zu schicken, sodass ich die Gelegenheit nutzte und mich ihr näherte, um sie so gut es ging vor den zahlreich niederprasselnden Tropfen zu schützen. Der Wunsch, sie zu beschützen, war ohne Hintergedanken, und so begannen wir uns durch Gesten zu verstehen. Seitdem haben wir uns, außer für wenige kurze Unterbrechungen, nicht mehr aus den Augen verloren.

Die Arbeit auf den Feldern war in Deutschland kaum weniger hart als in Italien. Wir ernteten Weizen und sammelten Heu auf, hackten Rüben und luden sie zur Ernte mit Forken auf die Wagen, mit denen sie zur Zuckerfabrik gefahren wurden; wir hackten Kartoffeln und ernteten sie, droschen Korn und schafften im Winter Brennholz heran. All diese Arbeiten wurden von Hand und allein mit Muskelkraft ausgeführt, denn Maschinen gab es nur wenige.

Bevor ich nach Deutschland ging, war ich abends mit Freunden durch Alberobello flaniert, auch wenn der Arbeitstag hart gewesen war. Einige von uns sangen dabei Lieder wie *'O sole mio, Pagliericcio e cancello, Tuorna a Surriento*. Das half uns, um nach der ganzen Mühe ›runterzukommen‹ und mit unserer ›Stimmgewalt‹ das Wohlwollen der Mädchen zu erobern. In Deutschland dachte ich anfänglich, dass ich es hier genauso machen könnte, und lief singend durch die Straßen von Bokensdorf, aber mir wurde sofort klar, dass das hier niemanden

Auch in Deutschland gab es zum damaligen Zeitpunkt in der Landwirtschaft nur wenige Maschinen, dementsprechend wurden viele Arbeitskräfte benötigt. Die Frau in der Hocke links neben mir ist Berta, meine spätere Schwägerin und eine meiner Deutsch-›Lehrerinnen‹.

interessierte, vielleicht, weil ich auf Neapolitanisch und Italienisch sang. Mit meinem Gesang wollte ich niemanden erobern, sondern mich von meiner Einsamkeit befreien. Am häufigsten sang ich das Lied *Mamma*. Aber auch *Pagliericcio e cancello* sang ich oft, nicht aus Vergnügen, sondern weil mir das Liebste fehlte, meine Mutter, meine Familie, die Freunde, die Wärme der Heimat. Durch das mangelnde Interesse und die Gleichgültigkeit gegenüber den Liedern wurde mein Singen immer stiller. Erst kürzlich habe ich entdeckt, dass jemand zuhörte: Das war die Frau des Arbeitgebers. Ein Kind, das der Sohn von Friedas Verwandten war, die auf dem Bauernhof arbeiteten, kam manchmal mit seinen Eltern zu uns. Dieses Kind ist heute ein erwachsener Mann, er hat mir erzählt, dass die Frau, wenn ich meine Lieder zu singen begann, zuhörte, ohne sich dabei sehen zu lassen. Mehr als einmal war das Kind zufällig in ihrer Nähe und wurde von ihr aufgefordert, still zu sein: »Schau, jetzt geht es los. Hör nur, wie er singt. Lass uns leise sein, dann können wir Italienisch hören.« Im Lauf der Zeit habe ich einige Lieder vergessen, andere singe ich auch heute noch, aber so leise, dass ich sie selbst fast nicht höre.

Am Anfang gab es in der freien Zeit fast überhaupt keinen Kontakt zu den Deutschen, was für das Erlernen der Sprache ein Hindernis darstellte. Zu meinem Glück kamen jedoch nachmittags ein paar Frauen stundenweise zum Arbeiten auf den Bauernhof, auf dem Pietro und ich waren, und brachten mir ein paar Grundkenntnisse des Deutschen bei. Das war meine Rettung, meine erste Schule zum Erwerb der Sprache, die ich schnell lernte, sodass ich sie nach sechs Monaten ziemlich gut sprechen und verstehen konnte. Mein Glück war auch, dass ich in Niedersachsen gelandet war, wo man ein akzentfreies Deutsch spricht.

Pietro und ich waren in einem alten, heruntergekommenen Haus untergebracht, das an das Wohnhaus des Arbeitgebers angrenzte. Die Zimmer waren sehr klein und auf dem Dachboden, direkt unter dem Dach. In einem davon war lediglich Platz für zwei schmale Betten, hier schliefen mein Bruder und ich. In einem anderen war ein Berliner untergebracht, der nur wenig älter als wir war und ein starkes Alkoholproblem hatte. Er wurde aber niemals ausfällig, auch nicht, nachdem Pietro abgereist war und wir beide dort allein zurückblieben. Auf diesem Dachboden gab es weder Toilette noch Wasser oder Heizung, nur die Betten. An einigen Stellen fiel zwischen den Dachziegeln Tageslicht herein. Um uns zuzudecken, hatten wir ein uraltes Federbett. Unsere ungebetenen Gäste waren Ratten von beachtlicher Größe. Die Gemeinschaftstoilette (wenn man sie so bezeichnen wollte) für uns Arbeiter war im Hof, ungefähr sechzig Meter von dem Haus entfernt, in dem wir schliefen. Das war ein sehr ›romantischer‹ Ort: eine Art Abstellkammer, in deren Inneren eine sechzig Zentimeter hohe Basis aus Holz war, die in der Mitte ein Loch hatte, das direkt über der Grube war. Ein Plumpsklo also. Zeitungen und Zementsäcke dienten als Klopapier. Dusche und Waschbecken befanden sich in einem Raum neben dem Kuhstall. Unter logistischen Gesichtspunkten war die Situation

In meiner ersten Zeit in Deutschland habe ich in diesem Haus zusammen mit meinem Bruder Pietro unter dem Dach gewohnt. Als das Foto vor einigen Jahren aufgenommen wurde, war das Gebäude baufällig, heute ist es abgerissen.

also ziemlich ›auseinandergerissen‹. Der Arbeitgeber und seine Familie hatten natürlich das Bad mit allem, was dazugehört, im Haus. Im Winter regnete oder schneite es oft, es war kalt, wir wurden nass, aber fast nie wurde deshalb die Arbeit unterbrochen. Am Abend ließen wir die nassen Sachen zum Trocknen in der Gemeinschaftsküche. Im Vergleich mit der Arbeit in Italien war das definitiv kein großer Schritt nach vorn.

So reifte in mir im Laufe der kurzen Zeit von fünf oder sechs Monaten der Entschluss, mit der Arbeit in der Landwirtschaft aufzuhören. Bestärkt wurde ich darin von den Frauen, die mir Deutsch beibrachten und mit denen sich eine freundschaftliche und solidarische Beziehung entwickelt hatte. Sie erzählten mir von anderen Möglichkeiten, zum Beispiel beim Volkswagenwerk. Ich hörte ihnen zu und ließ mich mitreißen, obwohl die internationalen Vereinbarungen zur damaligen Zeit ausschließlich Arbeitsgenehmigungen für den Bau und die Landwirtschaft vorsahen, aber keine für die Industrie, schon gar nicht für die Automobilindustrie. Irgendetwas machte damals klick: Ich begann Stellengesuche zu schreiben, wobei mir die Frauen halfen, die die Lücken meiner unvollständigen Deutschkenntnisse schlossen. Zu Volkswagen schickte ich einige Bewerbungen, aber sie wurden immer wieder negativ beantwortet. Es schien fast so, als sollte es jenseits der Landwirtschaft für mich nichts anderes geben. Hinzu kam, dass jedes Mal, wenn ich meinem Arbeitgeber gegenüber in klaren Worten meinen Willen, wegzugehen, kundtat, er den Beamten des Arbeitsamtes einbestellte, der mir damit drohte, dass die Aussicht auf Arbeitslosigkeit in Italien die einzige Alternative zur Anstellung in der Landwirtschaft in Deutschland sei. In strengem Ton erinnerte er mich daran, dass ich einen Jahresvertrag unterschrieben hätte, an den ich gebunden sei, und dass ich im Falle der Auflösung meinerseits 60 Mark zu zahlen hätte, was der Summe entsprach, die mein Arbeitgeber für meine Reisekosten von Italien nach Deutschland bezahlt hatte. Nach langem Insistieren wurde mir mitgeteilt, dass die einzig mögliche Veränderung darin bestünde, auf einen anderen Bauernhof arbeiten zu gehen. Aber wir Italiener kannten die Namen der anderen Bauern und wussten, dass bei ihnen nicht auf bessere Arbeitsbedingungen zu hoffen war. Insbesondere einer hatte sich den Beinamen ›Tyrann‹ verdient. Alles schien zu sagen: Lass es bleiben.

Mein Wunsch nach einem besseren Leben war jedoch so stark, dass ich nicht aufgab. In der Familie, bei der ich arbeitete, hatte die Ehefrau ein starkes und wichtiges Mitspracherecht, und so begann ich, sie mit meinen Forderungen zu belagern. Ich dachte, bei allem, was ich für den Betrieb der Familie tat, würde sie ein gutes Wort einlegen, damit ich eine andere Arbeit fände. Aber das waren leere Hoffnungen: Die Zeit verging, und es passierte nichts. Eines Tages sagte sie mir, ich solle ihr Fahrrad nehmen und nach Wolfsburg fahren, um dem Beamten des Arbeitsamts, meinem alten Bekannten, dem Mann, der meine Hoffnungen so oft zunichtegemacht hatte, ein paar Büchsen Schweinefleisch, wie sie auf dem Bauernhof verpackt wurden, sowie ein Huhn, das eigens dafür geschlachtet worden war, zu bringen. Mit einem Geschenk, dachte ich, würde seine Unnachgiebigkeit vielleicht erweicht werden. Da ich Wolfsburg nicht kannte, begann ich auf der Straße nach dem ›Arbeitsamt‹ zu fragen und kam schließlich, nicht ganz ohne Mühe, dort an. Ich überbrachte meinem Feind die Geschenke und die Grüße der Bauersfrau und sagte ihm, ich hoffte, er könne etwas für mich tun. Der Blick, mit dem er mir antwortete, machte mir nicht gerade Mut. Am Ende erwies sich alles als nutzlos. Ich kehrte zum Bauernhof zurück, und es änderte sich gar nichts: Ich arbeitete weiterhin hart und war von der Mühe und dem ungeduldigen Warten erschöpft.

Da ich noch nicht aufgeben wollte, versuchte ich es kurz danach auf einem anderen Weg. Unter den Personen, die stundenweise auf den Hof zum Arbeiten kamen, war ein junges Mädchen, dessen Eltern als polnische Flüchtlinge in der Nachkriegszeit nach Deutschland gekommen waren. Sie war sehr nett, und zwischen uns entwickelte sich eine besondere Beziehung. Wir sprachen oft von der Arbeit, davon, wie wir ausgebeutet wurden, und ich sagte ihr immer: »Ich will weg aus dieser Hölle!« Sie und ihre Eltern arbeiteten für einen Stundenlohn von 50 Pfennig: Vier Stunden harter Arbeit am Nachmittag, wie Kartoffellese oder das Aufladen von Getreidebündeln, brachten zwei elende Mark ein. Wahrscheinlich half ihr ihr starker katholischer Glaube, das alles durchzustehen und weiterzumachen. Eines Tages sagte sie mir: »Warum schreibst du keine Bewerbung an Volkswagen und bringst sie dem Dekan der deutschen katholischen Kirche in Wolfsburg? Er hat so vielen Menschen geholfen.« Dem war tatsächlich so. Der Dekan stand in Kontakt mit dem Katholiken Nordhoff, dem Generaldirektor von VW, und hatte dadurch vielen Leuten helfen können. Also schrieb ich die Bewerbung, eine der vielen, die ich damals losschickte, fuhr am späten Nachmittag mit dem Fahrrad in Bokensdorf los und kam in Wolfsburg mit dem Dunkelwerden an. Ich klopfte an die Tür des Dekans und überreichte ihm die Bewerbung, die ich zusammengestellt hatte. Er nahm sie, schaute mich an und ging ohne ein Wort zu sagen ins Haus zurück, wobei er die Tür hinter sich zuzog. Ich habe nie eine Antwort bekommen. Es funktionierte nicht, weil es nicht funktionieren sollte, weil es nicht vorgesehen war, dass es funktioniere. Gemäß den italienisch-deutschen Vereinbarungen war die Einstellung von Italienern im Automobilsektor nicht vorgesehen. Darüber hinaus hatten die deutschen Politiker, die uns als vorübergehende Arbeitskräfte ohne Wahlrecht betrachteten, keinerlei Interesse daran, unsere Bedingungen zu verbessern, da ihnen das bei der nächsten Wahl keine Stimmen bringen würde. Es waren die deutschen Staatsbürger, die ›bedient‹ wurden, indem man ihnen erlaubte, von der Landwirtschaft zur Industrie zu wechseln, wofür man dann ihre Stimme bekam.

Diese Schachzüge entgingen mir damals, ich sollte sie erst bemerken und verstehen, als ich nach meinem Arbeitsbeginn bei VW entdeckte, dass auch bestimmten Gruppen von Deutschen Steine in den Weg gelegt wurden. Tatsächlich wurde bei der Beurteilung der Bewerbung der Lebenslauf der Kandidaten mitberücksichtigt, und wenn jemand zum Beispiel bei einer Baufirma angestellt war, wurde seine Bewerbung in der Regel abgewiesen, denn ihn der Firma ›wegzunehmen‹, wäre nicht nur ein Schaden für diese, sondern für den ganzen Sektor gewesen. Das Argument war: »Wenn es keine Arbeiter mehr in den Baufirmen gibt, wer produziert dann die Ziegelsteine, und wie sollen dann Gebäude errichtet werden, inklusive denen von VW?« Es ging da-

Zusammen mit zwei Arbeitskameraden, mit denen ich für kurze Zeit die anstrengende Arbeit auf dem Bauernhof in Bokensdorf teilte. Santì (links) stammte aus den Abruzzen und emigrierte Jahre später nach Australien, Giuseppe (rechts) kam wie ich aus Alberobello und arbeitete noch ca. zehn Jahre bei VW, bevor er nach Italien zurückging.

rum, den Produktionsbedarf in den Schlüsselsektoren einzuschätzen. Ein anderes Beispiel sind die Facharbeiter, die die Dachziegel verlegten. Diese hatten enorme Schwierigkeiten, bei VW eingestellt zu werden, denn ihr Fachwissen war sehr wichtig. In den seltenen Fällen, in denen diese Arbeiter von den Firmen, bei denen sie angestellt waren, abgezogen wurden, gingen lautstarke Proteste beim Arbeitsamt ein. Eine andere Kategorie, die bestraft wurde, waren die Friseurinnen. Von denen gab es so wenige, dass ihnen der Zugang zu VW praktisch unmöglich war. Meiner Meinung nach war das eine große Ungerechtigkeit, denn so verhinderte man, dass diese Menschen ihr Leben verbessern konnten, und band sie an eine Arbeit, die sie nur allzu gern verlassen hätten, da sie in den meisten Fällen nicht gut bezahlt war. Dasselbe passierte uns Italienern: Wir waren für die Landwirtschaft angeworben worden, und da sollten wir bleiben, denn da brauchte man uns, um die Deutschen zu ersetzen, die sozial aufgestiegen waren.

Nach etwa einem Jahr beharrlichen Drängens meinerseits sagte man mir jedoch, dass ich gehen könnte, wenn ich jemanden fände, der bereit sei, meinen Platz einzunehmen. So ließ ich jemanden aus Alberobello kommen. Er kam im Mai 1959 an, war fähig und willig, und der Arbeitgeber und seine Frau waren sofort zufrieden mit ihm. Ich drang weiter auf ihre Zustimmung, meiner Wege gehen zu können. Nach so langem Beharren kam diese endlich, aber es tauchte ein Problem auf: Wo sollte ich arbeiten und schlafen? Ohne Unterkunft wurde keine Arbeitserlaubnis ausgestellt, und auch für die Aufenthaltsgenehmigung war es notwendig, Arbeit und Unterkunft zu haben. Tatsächlich hatte ich das Problem schon seit einiger Zeit gelöst, indem ich eine meiner Deutsch-›Lehrerinnen‹ gefragt hatte – Berta, Friedas Schwester –, ob sie mich für eine gewisse Zeit im Haus ihrer Familie aufnehmen könnte. Ich wusste, dass das noch nicht fertige Haus bereits für sie zu eng war. Es wohnten dort Berta, ihr Mann, ihr Vater – der Witwer war und den ich kannte, denn auch er arbeitete bei meinem Arbeitgeber –, ihr Bruder mit Frau und Tochter, und dazu kamen nach und nach noch drei Kinder. Sie waren Flüchtlinge, die während des Krieges aus der Ukraine geflohen waren. Berta wies darauf hin, wie wenig Platz sie zur Verfügung hatten, versprach mir aber, mit ihrem Mann darüber zu sprechen. Ein paar Tage später kam sie und sagte mir, dass er zugestimmt hätte, ich müsse jedoch in der Küche auf dem Sofa schlafen. Ich sagte sofort zu: Das Wichtigste war es für mich, eine Adresse für den Wohnsitz zu haben. Wir vereinbarten, dass ich 100 Mark monatlich für Kost und Logis zahlen würde, aber da das Haus noch nicht fertig war, wurde beschlossen, dass ich ihnen in meiner Freizeit auch dabei helfen würde, die Arbeiten zu beenden. In einem gewissen Sinn begann ich, Teil der Familie zu werden. So verließ ich den Bauernhof und machte einen weiteren Schritt in Richtung auf ein besseres Leben. Das war Anfang März 1960.

Einer der schweren Zementblöcke, die ich in der Baustofffirma in Fallersleben transportierte. Handschuhe konnten wir uns nicht leisten, deshalb bastelten wir aus alten Gummischläuchen rudimentäre, aber sehr wirkungsvolle ›Topflappen‹, um die Hände an den Stellen zu schützen, wo sie mit dem Zement in Kontakt kamen.

In der Zwischenzeit hatte ich auch Arbeit in Fallersleben gefunden, in einer Firma, die Baumaterial herstellte. Diese war zehn Kilometer von Bokensdorf entfernt, die sich auf sieben verkürzten, wenn man den Weg durch die Felder nahm. Ich ging hin und zurück zu Fuß, denn es gab keine öffentlichen Verkehrsmittel, aber nach zwei Wochen kaufte ich mir ein altes Fahrrad und ein paar Monate später ein Moped. Die Arbeit war sehr schwer, meistens blieben die Leute nur drei oder vier Tage. Mein Job war es, Zementblöcke für den Bau zu holen und auf Lkws aufzuladen. Man arbeitete im Akkord und verdiente im Mittel einen Pfennig brutto pro Block, anderthalb Pfennige für die größeren. Um eine Idee davon zu bekommen, was diese Arbeit bedeutete, muss man sich vorstellen, dass ich 3.000 Blöcke tragen musste, um 50 Mark zu verdienen. Wenn man bedenkt, dass ungefähr 1.500 Blöcke benötigt wurden, um ein Haus zu bauen, hieß das, dass zwei Häuser ›umgesetzt‹ werden mussten, um diese Geldsumme zu erreichen: die Muskelkraft eines einzigen Menschen, der Block für Block zwei komplette Häuser versetzt. Manche Tage schleppten wir bis zu 4.000 Blöcke. Die kleineren maßen 10 x 10 x 24 Zentimeter, die größeren 30 x 24 x 50 Zentimeter und konnten, je nach Trocknungsgrad, bis zu 30 Kilogramm pro Stück wiegen. Wenn es regnete und sie nass wurden, wogen sie entsprechend mehr. Es war ein Knochenjob.

Nach den ersten Monaten in Deutschland sagte ich mir oft: »Du hast die Hölle in Italien verlassen, hast die Landwirtschaft verlassen, kommst hierher ... und hast Schweine und Landwirtschaft!« Ich wollte mehr, ich wollte mich verbessern, ich wollte darüber hinausgehen. Diese Baustofffirma war der Beweis, dass es möglich war, auf eine andere Zukunft zu hoffen, dass ich, wenn ich diese Phase akzeptierte, die aus harter Arbeit und Opfern bestand, etwas Bedeutendes für mein Leben aufbauen konnte. Von dieser Hoffnung beflügelt schickte ich weiterhin Bewerbungen an Volkswagen. Jeden Tag, wenn ich beim Hochheben der Zementblöcke die Züge voller Käfer vorbeifahren sah, wuchs mein Verlangen, in der Fabrik zu arbeiten, in der sie produziert wurden. Am Ende bekam ich keine Antwort mehr. Aber ich hatte keinerlei Absicht aufzugeben.

Nicht dumm, nicht wahr?

Als der Winter begann, konnte man nicht mehr arbeiten, denn sobald die Zementblöcke aus der Gießform kamen, waren sie sofort gefroren. Eigentlich hätten wir entlassen werden sollen, doch der Beamte vom Arbeitsamt, der für die Landwirtschaft (und, wie ich erfuhr, auch für den Bausektor) zuständig war – derselbe, an den ich mich zuvor gewandt hatte –, entschied, dass wir nicht entlassen würden: Stattdessen sollten wir von Dezember bis Februar an eine Baufirma ›ausgeliehen‹ werden, die Arbeiten innerhalb des Volkswagenwerks ausführte. Wie seltsam: Der Mann, der meine Ambitionen zu blockieren versucht hatte, bot mir jetzt eine unverhoffte Zugangsmöglichkeit zur Fabrik meiner Träume.

Unsere Aufgabe war es, in der Nacht Gerüste aufzubauen und das Material für die Bauarbeiter vorzubereiten, die am nächsten Tag dort tätig sein würden. In dieser Zeit lernte ich das Volkswagenwerk von innen kennen und versuchte zu verstehen, wie dieser in einem fort Autos ausstoßende Riese aus Beton und Stahl funktionierte: Ich inspizierte jeden Winkel und prägte mir die Struktur ein, um zu begreifen, wie diese Fabrik organisiert war, die ich als meine Erlösung ansah. Die Arbeit bei der Baufirma war weniger schwer, und man verdiente sehr gut. Zudem konnte ich mit dem Bus zur Arbeit fahren und nach der Arbeit im Werk duschen. Anfang März 1961 kam wie ausgemacht die Anweisung, nach Fallersleben zu der Firma zurückzukehren, die die Zementblöcke produzierte. Dazu hatte ich keinerlei Lust, und zwar nicht nur, weil die Arbeitsbedingungen da miserabel waren, sondern auch, weil der Umstand, dass ich ›im‹ Volkswagenwerk gewesen war, meinen Wunsch, dort zu arbeiten, gewaltig verstärkt hatte. Aber mehr ging in diesem Moment leider nicht, und so begann ich im Frühjahr wieder in Fallersleben zu arbeiten.

Ende Juli sagte ich mir, dass es so nicht weitergehen könne, und entschied: »Entweder Volkswagen oder gar nichts!« Ich nahm einen Tag frei und fuhr nach Wolfsburg. Dort begab ich mich zum Besucherbüro am Werkseingang 17 und meldete mich für eine Führung an. Dank meiner ›Praktikumszeit‹ bei der Baufirma wusste ich, wie bestimmte Dinge liefen. Ich wartete bis 14 Uhr, damit sich die Besuchergruppe bildete. Sobald sie uns einließen, nutzte ich einen unbeobachteten Moment, um mich von der Gruppe zu entfernen und zum Personalbüro zu gehen. Dort traf ich auf zwei Sekretärinnen, denen ich erklärte, dass ich den Personalchef zu sprechen wünsche. Sie versuchten, mich wegzuschicken, aber ich wiederholte meinen Wunsch, und nachdem ich eine Weile darauf beharrt hatte, wurde er gerufen. Ein sehr eleganter und freundlicher Herr kam, der sich mir als Willi Weiß vorstellte. »Was wollen Sie?«, fragte er mich. Ich antwortete ihm, dass ich bei VW arbeiten wolle und deshalb mehrere Male eine Bewerbung geschickt hätte, die anfangs abschlägig und dann gar nicht mehr beantwortet worden sei. Er fragte mich nach meiner Nationalität, woher genau ich käme, was ich bisher gemacht, wo ich gearbeitet hätte. Ich antwortete ihm auf alle seine Fragen auf Deutsch, das ich inzwischen ganz passabel sprach. Und dann kam die entscheidende Frage: »Aber wie haben Sie es geschafft, hierher zu kommen?« Ich gestand ihm meinen kleinen und unschuldigen Kniff, so zu tun, als ob ich ein Besucher wäre. Er schaute die Sekretärinnen vielsagend an und äußerte den Satz, der mein Leben verändern sollte: »Nicht dumm, nicht wahr?« Danach wandte er sich an eine der beiden und entschied: »Vereinbaren Sie für ihn einen Termin mit dem Betriebsarzt.« Damals wusste ich nicht, dass aufgrund des enormen Arbeitskräftebedarfs bei VW bald darauf Tausende Italiener kommen sollten. Aber Willi Weiß wusste das. Er wird den günstigen Umstand gewittert haben, dass ihm hier quasi im rechten Moment ein Italiener vom Himmel fiel, der schon Deutsch sprach und der deshalb eine wertvolle Hilfe beim Empfang der Arbeiter sein würde, die in den nächsten Monaten erwartet wurden.

Die Art und Weise, in der Weiß mich verabschiedete, war eine der seltsamsten und gleichzeitig denkwürdigsten, die man sich vorstellen kann. Am Ende des informellen Gesprächs, schon im Hinausgehen, fragte er mich, ob ich den Führerschein hätte. Wie viele Gedanken

In der Ausstellung *Percorsi di vita. Lebenswege nach Wolfsburg*, die vom 31. Mai bis 30. Juni 2022 im Rathaus von Wolfsburg stattfand, wird die Geschichte, wie ich zu meiner Anstellung bei VW gelangt bin, von der Künstlerin Magdalena Kaszuba in einem Comic erzählt. Hier ist ein Einzelbild zu sehen, der gesamte Comic wird im gleichnamigen Katalog (hg. von Alexander Kraus, Aleksandar Nedelkovski und Anita Placenti-Grau) abgedruckt, dessen Erscheinen für Frühjahr 2023 geplant ist.

einem da in Sekundenbruchteilen durch den Kopf schießen. Ich dachte: »Donnerwetter, vielleicht braucht er einen Fahrer, und ich habe keinen Führerschein!« Ich antwortete ihm, dass ich keinen hätte, aber dabei sei, ihn zu machen, die Prüfung sei in wenigen Tagen. Das stimmte nicht, aber so schien es mir am ›richtigsten‹. Er wünschte mir alles Gute, und ich solle mir dann einen VW kaufen, aber einen ohne Lautsprecher. Lautsprecher? Ich begriff nicht und fragte ihn, was er meinte. Er erklärte mir, dass dieser Rat eine versteckte Aufforderung sei, nicht herumzuerzählen, auf welch unüblichem Weg ich bei VW eingestellt worden sei.

Schaue ich auf meine Vergangenheit zurück, tritt ganz klar zutage, dass diese Episode den Lauf meines Lebens geändert hat. Was danach passiert ist, zeigt, dass die Wende in meinem Leben in jenem Büro ihren Ausgang nahm. Sie folgte dank einer Begegnung, die ich so sehr herbeigesehnt hatte und die in meinem Leben zur Scheidelinie zwischen einem Davor und einem Danach geworden ist.

Das Volkswagenwerk

Der Betriebsarzt bescheinigte mir, dass ich gesund und arbeitstauglich war. Und so begann ich am 22. August 1961 bei Volkswagen zu arbeiten. Ich war der erste italienische Arbeiter im Automobilwerk in Wolfsburg. Drei Jahre hatte ich gebraucht, um dieses Ziel zu erreichen.

Mir wurde ein Arbeitsplatz als Punktschweißer in der Karosserieabteilung zugewiesen. Die Arbeit erwies sich anfangs als schwer, nicht nur, weil sie völlig neu für mich war, sondern auch, weil die Fabrikhallen damals nicht so gut belüftet und auf die Gesundheit der in ihnen Arbeitenden ausgerichtet waren wie heute. Die Schweißarbeiten erfolgten an öligen Werkstücken, sodass wir die dabei entstehenden Dämpfe teilweise einatmeten. Wenngleich die Arbeit bei der Firma, die die Zementblöcke herstellte, unheimlich ermüdend gewesen war, so fühlte ich mich in den ersten Tagen bei VW viel erschöpfter, denn die Bewegungen, die ich auszuführen hatte, waren komplett andere, und zudem fehlte mir die frische Luft. Ich stellte fest, dass diese bei der Arbeit einen Unterschied machen kann. Trotzdem gewöhnte ich mich irgendwie daran. Der Verdienst für acht Stunden Arbeit war ausgezeichnet, und zudem hatte ich viel mehr freie Zeit. Vier Wochen nach meiner Einstellung bei VW machte ich auch meinen Führerschein, sodass meine kleine Notlüge sich dann doch noch in Wahrheit verwandelte.

In all diesen ersten Jahren bin ich nie nach Italien zurückgekehrt. Meine Eltern waren manches Mal in Sorge, denn es kam vor, dass ich mich über längere Zeit nicht meldete. Es konnte passieren, dass zwei oder drei Monate vergingen, bis ich schrieb oder telefonierte, auch weil es diverse Probleme bei der Kommunikation gab. Zum Telefonieren musste ich zur Post gehen, denn Telefonzellen gab es nicht, und selbst ein sehr kurzes Gespräch kostete mindestens zwei D-Mark. Als ich in der Baustofffirma arbeitete, verdiente ich pro Block einen Pfennig und musste demnach zweihundert Zementblöcke stemmen, um mir diese zwei Mark zu erarbeiten. Bei etwa 20 Kilogramm pro Block schleppte

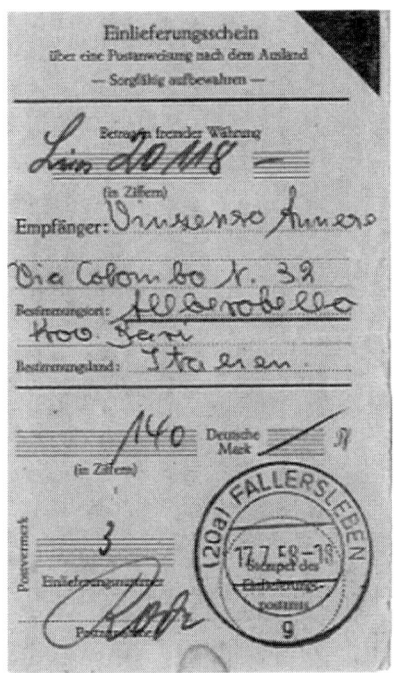

Mit Stempel vom 17. Juli 1958: Meinen ersten Verdienst in Höhe von 140 D-Mark, der mir als Vorschuss gewährt wurde, schickte ich vollständig, wie viele weitere danach, an meinen Vater nach Alberobello.

ich also für jedes kurze Telefonat vorher ungefähr vier Tonnen Gewicht durch die Gegend! Da ich im Schreiben nicht geübt war, gelang es mir gerade, das Notwendigste zu Papier zu bringen, und so sahen meine Briefe immer gleich aus: »Liebe Mama, wie geht es dir? Mir geht es gut, was ich auch von euch hoffe. Viele Grüße dein Sohn Lorenzo.« Dies waren mehr oder weniger meine Zeilen, und manches Mal waren sie so schlecht geschrieben, dass nicht einmal ich sie hinterher noch lesen konnte.

Am Anfang schickte ich meinen Verdienst vollständig an meine Eltern, ich verschwendete nicht einen Pfennig. Bis Ende 1961 legte ich für mich selbst gar nichts zur Seite. Mein Ziel war es, für eine gewisse Zeit zunächst meiner Familie zu helfen und mir dann nach und nach meine eigene Existenz aufzubauen. Ab 1962 begann ich daher, einen Teil meines verdienten Geldes für mich zu sparen und nur noch von Zeit zu Zeit eine kleine Summe nach Italien zu schicken.

Neben der Arbeit bei VW hatte ich noch andere Jobs. Nach der Schicht arbeitete ich bei meinem alten Chef, in einigen Fällen auch für die Gemeinde Bokensdorf. Einmal nämlich baute die Gemeinde ein Haus für den Dorflehrer und fragte mich, ob ich bereit wäre mitzuarbeiten. Ich sagte zu und nahm diese weitere Mühe auf mich, denn mein Wunsch, es zu etwas zu ›bringen‹, war einfach zu groß. Darüber hinaus fuhr ich in meiner Freizeit fort, Zementblöcke bei der Firma in Fallersleben zu schleppen. Als ich eines Tages um eine kleine Lohnerhöhung bat, lehnte der Inhaber verächtlich ab und forderte mich auf, meiner Wege zu gehen. Der x-te Beweis für die Arroganz der ›Bosse‹, jene Arroganz, der ich mich, wie ich bereits vor längerem beschlossen hatte, nicht mehr beugen wollte.

Nach Alberobello kehrte ich das erste Mal im Dezember 1961 zurück. Ich hatte nur zwölf Urlaubstage, und die Reise war noch katastrophaler als jene, die ich drei Jahre zuvor unternommen hatte, um nach Deutschland zu gelangen. Wegen der anstehenden Weihnachtsfeiertage waren die Züge überfüllt, denn viele Ausländer, die in Deutschland lebten, aber auch Deutsche waren unterwegs, um mit ihren Familien zu feiern. Der Zug, den ich in Hannover nehmen musste, kam aus Hamburg, und er war schon voll, als er ankam. Auch die Gänge waren voller Menschen und Gepäck. Auf dem Weg nach München leerten sich die Abteile nicht so, wie ich gehofft hatte. Nach dem Brenner

Eine der Postkarten, die ich während eines kurzen Italienaufenthalts 1963 an Frieda geschickt habe. Diese zeigt das Trulli-Viertel Aia Piccola, in dem ich aufgewachsen bin. Da ich damals im Schriftlichen noch sehr unsicher war, habe ich den Text einem Bekannten in Alberobello diktiert, dessen Mutter Österreicherin war.

« Bianche casette fatate
dal tetto grigio-azzurro fatto a pigna
serene e liete sotto il solleone,
colme di bimbi e di gente buona;
ALBEROBELLO è questa!
Città bellissima, greve d'anni
e fresca come un bimbo! ».
                                Anmar

Liebe Friedel,

Bin hier sehr gut, in meiner
Heimat angekommen ich machte
eine gute Fahrt und es ist nicht
möglich, so wie ich dir sagte dass
ich abnehmen sollte aber es ist nicht
möglich denn ich zu viel essen bekomme.
Es grüst dich Herzlich deine

An Fräulein Neugebauer
Bergstr. 30
Krankenhaus / Giform
Deutschland

Alberobello (Bari)
Rione Aja Piccola - Monumento nazionale

musste ich umsteigen, aber die Situation war die ganze Fahrt lang bis nach Bari die gleiche. Zwei Tage und zwei Nächte stand ich in ungeheizten Waggons herum, eine unsägliche Qual. Erst im letzten Zug von Bari nach Alberobello fand ich einen Sitzplatz. Meine Ankunft zu Hause erfüllte alle mit Freude, aber am nächsten Tag musste ich mit den Anzeichen einer Lungenentzündung, die ich mir in den eisigen Waggons zugezogen hatte, das Bett hüten.

Als die kurzen Ferien zu Ende waren, fuhr ich pünktlich nach Deutschland zurück. Auf der Rückreise ereignete sich eine kuriose Begebenheit. Ich hatte die Ranke einer Weinrebe und den Zweig eines Feigenbaums dabei, um, so mein Gedanke, einen kleinen Teil Italiens nach Deutschland zu ›verpflanzen‹. An der deutschen Grenze teilte man mir mit, dass ich diese Gewächse nicht mitnehmen dürfe. Sie sollten untersucht werden, um sicherzugehen, dass sie keine gefährlichen Parasiten enthielten. Bei einem negativen Befund würden sie mir dann an meine deutsche Adresse nachgeschickt. Die Kosten dafür und für die Analyse gingen zu meinen Lasten. Ich habe jedoch dieses kleine Stück Italien, das mir da an der deutschen Grenze abgenommen wurde, niemals wiedergesehen.

Eine neue Arbeit mit Arbeitsbefreiung

Wieder zurück in Deutschland veränderte sich meine Arbeit schnell. In der Karosserieabteilung blieb ich nur bis zur Ankunft der ersten Italiener am 17. Januar 1962. Da Volkswagen massenhaft Arbeitskräfte benötigte, hatte das Unternehmen beschlossen, Arbeiter aus Italien direkt über die Auswanderungsbüros in Neapel und Verona anzuwerben. Als die ersten Gruppen von 50 bis 100 Personen eintrafen, wurde ich von der Arbeit freigestellt und mir die Rolle ihres Betreuers übertragen. Meine Aufgabe bestand darin, sie im Personalbüro abzuholen, sie in die verschiedenen Abteilungen zu begleiten und ihren Vorgesetzten vorzustellen, ihnen ihren Arbeitsplatz zu zeigen, ihnen zu erklären, wie die Maschinen funktionierten, wie sie die Stechuhr zu bedienen hatten, sie über ihre Arbeitszeiten zu informieren und über die Anzahl der zu produzierenden Werkstücke, ihnen die Umkleideräume zu zeigen. Für meine Landsleute war es nicht einfach, sich eine solche Menge an Informationen zu merken. Zudem mussten sie immer ihre Abteilungsnummer und ihre Personalnummer parat haben. Fast alle fühlten sich in einer Fabrik mit diesen Ausmaßen und den Tausenden an Maschinen und Transportbändern wie im Dschungel. Bei Problemen sollten sich die Arbeiter an mich wenden, und ich sollte sie dann zu ihren Vorgesetzten begleiten. Das wurde nun also meine Arbeit. Mit Sicherheit war sie leichter für den Körper und die Muskeln, aber schwerer für den Geist und den Verstand: Die Verantwortung war groß, die Zahl der Menschen, um die ich mich zu kümmern hatte, enorm – zu Spitzenzeiten waren in Wolfsburg 10.000 Italiener angestellt –, die Forderungen und Bedürfnisse vielfältig. Auf jeden musste wirksam und, wichtiger als alles andere, mit menschlicher Einfühlung eingegangen werden.

Obwohl versucht wurde, die italienischen Arbeitskräfte auf bestmögliche Weise zu empfangen, gelang es vielen nicht, sich einzugewöhnen. Dafür gab es verschiedene Gründe: die Entfernung zur Familie,

Nachdem ich zum Betreuer für die Italiener ernannt worden war, besuchte ich in den Pausen manchmal Kollegen, die ich in meinen ersten Monaten in der Fabrik kennengelernt hatte. Auf dem Foto bin ich mit einer Kollegin und einem Kollegen aus dem Karosseriebau zu sehen. Letzterer half mir in diesen Pausen, meine Punktschweißtechnik zu verbessern.

Heimweh nach dem Heimatort, das strenge Klima mit seiner Feuchtigkeit und Kälte, das Essen. Die Fluktuation war deshalb hoch. Je hundert Neuankömmlinge gingen buchstäblich hundert wieder zurück. Zum Kontakt mit den Deutschen kam es fast ausschließlich nur am Arbeitsplatz. Die Italiener waren in Holzunterkünften untergebracht (der Siedlung Berliner Brücke), die vom Volkswagenwerk errichtet worden waren, um 5.000 Italiener aufzunehmen. Die Arbeiter kamen aus verschiedenen Regionen Italiens, vor allem aus dem Süden, und sprachen kaum Italienisch, sondern vorrangig ihren jeweiligen Dialekt. Viele von ihnen hatten Frau und Kinder in Italien und hätten gern ihre Familie mitgebracht, aber in Wolfsburg eine Wohnung zu finden, war schwierig. Tatsächlich war die Entscheidung von VW, italienische

Arbeitskräfte anzuwerben, in gewisser Hinsicht nicht entsprechend vorbereitet worden, sodass die Lösung vieler Probleme, die mit der Aufnahme verbunden waren, improvisiert war, darunter zuallererst die Unterbringung.

Ebenfalls 1962 wurde ich von der Industriegewerkschaft (IG) Metall, bei der ich kurz zuvor Mitglied geworden war, zum Vertrauensmann[10] für die ausländischen Arbeiter ernannt. Zu Beginn des Jahres 1963 begann ich meinen gewerkschaftlichen Bildungsweg: Zwei Wochen lang besuchte ich einen Lehrgang in der Bildungsstätte der IG Metall in Lohr am Main, in der Nähe von Frankfurt. In den folgenden Jahren schlossen sich zahlreiche weitere Lehrgänge an, die manchmal bis zu drei Wochen dauerten und außer in Lohr auch in Dortmund und Köln stattfanden. Durch diese Kurse habe ich die grundlegende Rolle der Gewerkschaft im Kampf für die Verteidigung der Arbeitnehmerrechte voll und ganz verstanden. In den Seminaren wurden uns die Aufgaben von Vertrauensleuten und Betriebsräten mit ihren jeweiligen Rechten und Pflichten vermittelt, wobei eine Lehrgangseinheit meist aus mehreren aufeinander aufbauenden Kursen bestand. Neben diesem spezifischen Wissen wurden aber auch allgemeine Kenntnisse zum Beispiel zu Arbeitssicherheit und Sozialrecht gelehrt. Außerdem konnte man lernen, wie man offizielle Briefe schrieb oder eine Rede vorbereitete.

Die gewerkschaftlichen Bildungsangebote waren für mich die erste Gelegenheit in meinem Leben, mir systematisch Wissen zu erarbeiten und auf diese Weise ein bisschen von dem nachzuholen, was ich versäumt hatte. Am Anfang fiel mir das nicht leicht, denn mein kaum stattgefundener Schulbesuch hatte mich wenig auf das Lernen vorbereitet. Auch sprachlich waren diese Lehrgänge für mich am Anfang alles andere als einfach. Zwar konnte ich inzwischen gut Deutsch sprechen, aber es war natürlich ein Unterschied, ob man ein Gespräch im Betrieb führte oder über mehrere Stunden dem Unterricht folgen musste. Ebenso hatten sich meine schriftlichen Ausdrucksfähigkeiten bisher vor allem darauf beschränkt, Bewerbungen zu schreiben. Aber ich sah vor allem die Chance, die sich mir bot, und so stürzte ich mich mit Fleiß und Lerneifer in diese Aufgabe.

Mein Mitgliedsbuch der IG Metall. Das Datum meines Gewerkschaftseintritts ist bezeichnend – der 1. Mai 1962.

Im Jahr 1964 benötigte der Betriebsrat für die zahlreichen Italiener einen Übersetzer. Einige Betriebsratsmitglieder, die von meiner Arbeit als Vermittler zwischen Unternehmen und Italienern wussten, schlugen mir vor, mich zu bewerben. Die Herausforderung lockte mich, ich nahm sie sofort an und wurde zu einem Bewerbungsgespräch eingeladen. Bei diesem waren drei Mitglieder des Betriebsrats und dessen Vorsitzender zugegen. Der fragte mich, wie ich mir meine Arbeit als Verbindungsmann[11] für das gesamte Werk zwischen Italienern und Betriebsrat vorstellte. Tatsächlich hatte ich nicht die geringste Ahnung von dem, was auf mich zukam, aber ich antwortete prompt und spontan, so als ob ich mich vorbereitet hätte. Ich erzählte, dass ich meinen Landsleuten bei der Einstellung ihre Rechte und Pflichten erläutern und sie dazu auffordern würde, der Gewerkschaft beizutreten.

Offensichtlich erwies sich diese Antwort als weitgehend zufriedenstellend, denn das Bewerbungsgespräch war damit beendet. Umgehend wurden das Datum meiner Versetzung und meine neue Vergütung vereinbart. Ich würde in der Normalschicht von 7 bis 16 Uhr arbeiten. Wenige Tage später stellte mich der Betriebsratsvorsitzende Hugo Bork[12] zusammen mit drei Mitgliedern des Betriebsausschusses[13] dem Generaldirektor von VW Heinrich Nordhoff vor. Als wir in der Direktion im zwölften Stock ankamen und ich mich in dem ganzen Luxus mit den weichen Teppichen unter meinen Füßen vor einem Mann mit riesenhafter Statur wiederfand, wusste ich nicht mehr, in welche Richtung ich schauen sollte. Nordhoff empfahl mir, dafür zu sorgen, dass sich meine Landsleute bei VW wohlfühlten, und versicherte mir, dass die Direktion bei Anfragen meinerseits zur Verfügung stünde. Ich versprach ihm, meine Arbeit mit ganzer Kraft und bestmöglich zu erledigen.

Durch dieses Treffen motiviert und ermutigt, fühlte ich mich bereit, mich meiner Aufgabe zu stellen: Es ging darum, die Lebens- und Arbeitsbedingungen der Italiener zu verbessern. Es gab viel zu tun, um auf ihre Bedürfnisse einzugehen, die sich manchmal auch in Form von Protest artikulierten. So hatte es zum Beispiel 1962 einen kleinen Aufstand in der Siedlung Berliner Brücke gegeben, als die Italiener zum einen gegen die Einzäunung der Siedlung protestiert und zum anderen eine bessere medizinische Versorgung gefordert hatten.[14] Es galt, alles zu tun, damit sich solche Ereignisse nicht wiederholten. Vor allem musste die medizinische Versorgung in den Unterkünften und im Werk verbessert werden. Einen ersten Schritt dazu machten wir mit unserer Bitte, alle Informationen und Hinweise ins Italienische zu übersetzen.

Ein weiterer Schritt war, zu verstehen, dass ein Emigrant ab und zu Momente der Zerstreuung braucht, die den Alltagstrott unterbrechen und ihm ein paar unbeschwerte Stunden erlauben. So begann ich 1964, zweimal im Jahr Tanzabende zu organisieren, nicht nur für Italiener, sondern auch für Deutsche. Im ›Gewerkschaftshaus‹, dem Sitz der IG Metall, gab es einen großen Saal, in dem bis zu 500 Menschen Platz

Eines der ins Italienische übersetzten, gut sichtbaren Hinweisschilder: 50 x 25 Zentimeter, weiße Schrift auf dunkelblauem Grund. Als ich vor einiger Zeit wieder einmal im VW-Werk war, fiel mir auf, dass diese Schilder nicht mehr da waren. Das Einzige, das ich noch finden konnte, rettete ich, indem ich es mit nach Hause nahm, es ist hier auf dem Foto abgebildet.

fanden. Bei diesen Abenden war der Saal immer voll. Die IG Metall unterstützte dieses Vorhaben, indem sie Werbung, Druck der Eintrittskarten, Tombola, Musik und Saalmiete übernahm. Der Eintritt kostete 50 Pfennig, ein symbolischer Preis, mit dem wir zeigen wollten, dass die Gewerkschaft das Geld der Mitglieder nicht zum Vergnügen verschwendete. In den ersten Jahren waren diese Veranstaltungen sehr wichtig, denn nicht alle Lokale akzeptierten damals Ausländer. All das diente zur Integration, nicht zuletzt deshalb, weil die Italiener bei diesen Abenden oftmals die Gelegenheit hatten, mit deutschen Frauen zu tanzen.

Die Gewerkschaft akzeptierte zudem unseren Vorschlag, ein Informationsblatt auf Italienisch zu drucken, zunächst monatlich, dann je

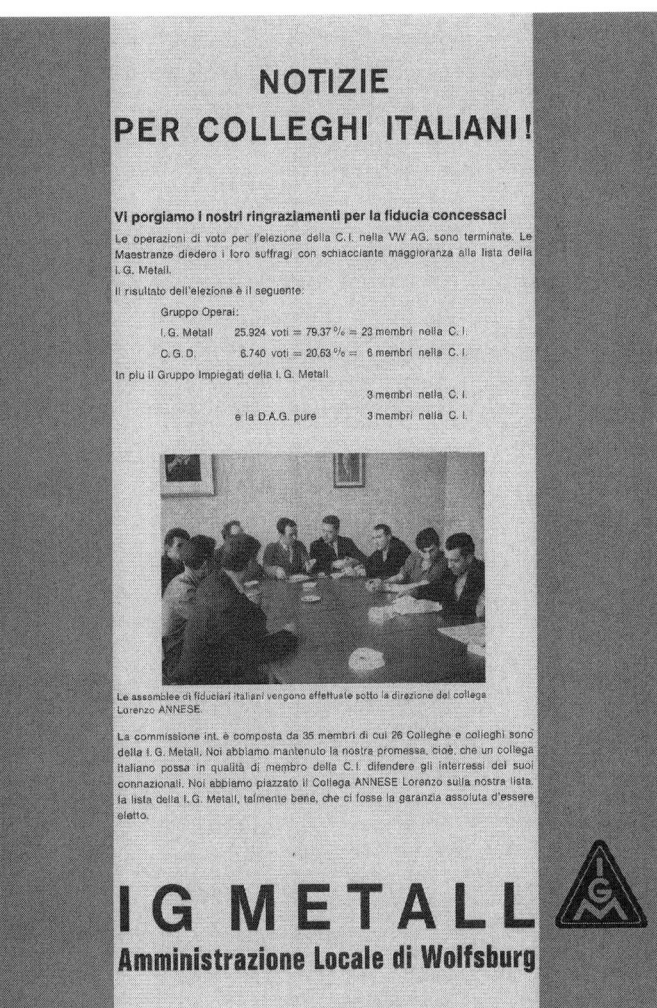

Das Informationsblatt, mit dem 1965 den italienischen Kollegen meine Wahl in den Betriebsrat mitgeteilt wurde. Das weiße Textfeld in der Mitte wird im Sinne der italienischen Nationalfarben von einem grünen und einem roten Streifen begrenzt, damit alle Italiener sofort erkannten, dass diese Information für sie bestimmt war.

nach Bedarf. Der Titel des Blättchens war *Il nostro lavoro* (Unsere Arbeit). Auf den Seiten stachen die italienischen Nationalfarben deutlich hervor. Die Themen wurden von unserer Redaktionsgruppe, die in der Regel aus fünf italienischen Vertrauensleuten bestand, und dem Vorsitzenden der örtlichen Gewerkschaftsgruppe ausgewählt. Die redaktionelle Verantwortung lag bei der IG Metall, die auch die Kosten übernahm.

1965 wurde ich als Kandidat für die Betriebsratswahlen vorgeschlagen. Auf der Liste der IG Metall[15] wurde ich auf dem sicheren Platz 18 positioniert. Die Liste war sehr erfolgreich, und ich wurde gewählt. Meine Wahl erfolgte jedoch ›gegen‹ das Gesetz. Damals durften wir als Italiener bei den Betriebsratswahlen zwar wählen, aber nicht gewählt werden. Wir hatten Demonstrationen organisiert, auf denen wir dieses Recht einforderten, aber als ich gewählt wurde, gestattete das 1952 verabschiedete Betriebsverfassungsgesetz (BVG) das passive Wahlrecht für Ausländer noch nicht ausdrücklich. Meine Wahl wurde möglich, weil das bundesdeutsche Parlament zu jener Zeit – aus Gründen, die ich später erläutern werde – schon dabei war, ein neues Gesetz vorzubereiten, das auch Ausländern die Kandidatur erlauben sollte. Damals nahmen VW, der Betriebsrat und die Gewerkschaften Kontakt zum Bundeswahlausschuss auf. Sie erklärten, darüber informiert zu sein, dass das Gesetz in Kürze im Parlament beraten und neu beschlossen werden sollte (tatsächlich wurde das neue BVG erst 1972 verabschiedet), und beantragten deshalb, zu den bevorstehenden Betriebsratswahlen einen Italiener als Kandidaten aufstellen zu dürfen. Der Antrag wurde angenommen und eine Ausnahmegenehmigung erteilt. Auf diese Weise wurde ich das erste ausländische Mitglied eines Betriebsrats in Deutschland. Die Sache erregte viel Aufsehen. Verschiedene Zeitungen und Zeitschriften, allen voran der *Stern*, kamen nach Wolfsburg, um mich zu interviewen. Auch das ZDF besuchte mich, um bei mir zu Hause und bei einem Rundgang durch die Stadt einen kleinen Film über mich zu drehen. Kein anderes Unternehmen hatte bisher ausländische Betriebsratsmitglieder: VW machte hier den ersten Schritt.

Die konstituierende Sitzung des 1965 gewählten Betriebsrats: Zum ersten Mal ist ein Mitglied ohne deutschen Pass dabei. Ich sitze links neben dem leeren Stuhl, von dem gerade der Betriebsratsvorsitzende Hugo Bork zur Begrüßung aufgestanden ist.

Meine Arbeit war vor allem darauf ausgerichtet, die Probleme der ausländischen Arbeitnehmer zu lösen (die mir zugeordnete Position war die des ›Ausländervertreters‹), aber im Laufe der Jahre kamen auch viele Deutsche, um sich von mir beraten zu lassen. Noch heute treffe ich viele von ihnen regelmäßig, und ich bin sehr zufrieden darüber, zu ihnen eine von Vertrauen und Respekt getragene Beziehung aufgebaut zu haben. Im Wolfsburger Werk bildeten die Italiener die zahlenmäßig größte Gruppe unter den ausländischen Arbeitnehmern (in Hannover hingegen waren das die Türken). Die zweitgrößte Gruppe stellten mit ca. 1.800 Arbeitern die Tunesier dar.

In der Zwischenzeit wuchs die Zahl der Gewerkschaftsvertrauensleute, die auf demokratische Weise von den Arbeitern gewählt wurden.

Da die Fluktuation damals sehr hoch war, riet ich, diejenigen auszusuchen und zu wählen, die eine deutsche Freundin hatten oder sogar mit einer Deutschen verheiratet waren, auf diese Weise würde eine gewisse Stabilität der Vertrauensleute garantiert. Der Vorschlag für die Vertrauensleute kam in jeder Werkhalle von den in der Gewerkschaft eingeschriebenen Arbeitern, die einen Namen nannten und den Vorschlag unterschrieben. Notwendig waren mindestens fünf Unterschriften. Der Zettel wurde uns vom Betriebsrat übergeben und danach an den Hauptsitz der IG Metall in Wolfsburg weitergereicht. Dort wurde ein Aushang angefertigt, der im Schaukasten der Werkhalle angebracht wurde, um allen dort tätigen Arbeitern mitzuteilen, dass eine bestimmte Anzahl Arbeiter die Kandidatur eines Kollegen als Vertrauensmann vorgeschlagen und mit ihrer Unterschrift bestätigt hatte. Der Aushang blieb 14 Tage hängen, um allen die Möglichkeit zu geben, Einspruch gegen die Kandidatur zu erheben oder Gegenvorschläge zu machen. Sobald diese Frist verstrichen war, wurde der Tag der Wahl festgelegt, die geheim erfolgte. In den Nachkriegsjahren hingegen hatte es dieses Verfahren nicht gegeben: Die Vertrauensleute waren damals nicht gewählt, sondern von der Gewerkschaft ausgesucht worden, wie es im Übrigen bei mir gewesen war. Später ging man jedoch zur Wahl über, um größere Transparenz und ein demokratisches Verfahren zu gewährleisten.

Mit der Zeit war es dank dieser demokratischen Wahlvorgänge möglich, aus den Vertrauensleuten, zu einem Großteil Italiener, eine Gruppe zu bilden, deren Zahl bis auf 200 wuchs. Wie ich schon angedeutet habe, hatte man, als sich VW dazu entschied, Tausende Italiener anzuwerben, die damit verbundenen Probleme nicht genügend bedacht: Man hatte der anderen Mentalität, den unterschiedlichen Sitten und Gewohnheiten oder dem besonderen Familiensinn der Italiener zu wenig Aufmerksamkeit gewidmet. Es war davon ausgegangen worden, dass der Aufenthalt der Italiener in Wolfsburg nur temporär sein würde. Die Realität sah aber ganz anders aus. Viele Italiener fassten ziemlich bald den Entschluss, zu bleiben und ihre Familien nachzuholen, aber sie trafen auf das Hindernis, keine geeignete Unterkunft zu finden.

Angesichts all dieser Probleme begriff man jetzt, dass Unterstützungsangebote für die Emigranten in der Fabrik benötigt wurden, vor allem wegen der Sprachschwierigkeiten. Diese wurden in vielen Fällen noch dadurch verschärft, dass ein Großteil der Italiener weder richtig lesen noch schreiben konnte. Mit den steigenden Zahlen vervielfachten sich die Probleme, und es war klar, dass die Strategie geändert werden musste: Es brauchte mehr Personal, um die Italiener zu unterstützen. Ich schlug vor, weitere Kollegen dauerhaft von der Arbeit freizustellen, damit sie mir zur Seite stehen und als Vertrauensleute und Kontaktpersonen zwischen den Arbeitern und dem Betriebsrat in jedem Produktionsbereich (Karosseriebau, Montage, Lackiererei usw.) fungieren konnten. Zu der Zeit, als die Zahl der italienischen Arbeiter ihren Höchststand von 10.000 erreichte, waren dies bis zu sechs Leute.

Diese freigestellten Mitarbeiter sollten im Rahmen einer internen Vereinbarung vom Personalbüro bezahlt werden und, von mir koordiniert, eine wichtige Verbindungsfunktion zwischen Betriebsrat, Personalbüro, Arbeitern und deren Vorgesetzten, also den Vorarbeitern, einnehmen. Die Besonderheit ihrer Aufgabe bestand darin, jede Art von Problemen zu berücksichtigen, die von den Arbeitern vorgebracht wurden, und zwar nicht nur die, die tagtäglich in der Fabrik auftraten, wie z. B. Übersetzungen oder Plänkeleien mit dem Vorarbeiter, sondern auch die, die persönlicher Natur waren, wie Krankheiten, schlechte Nachrichten von der Familie in Italien, Hochzeit eines Verwandten oder Ähnliches. Die Vertrauensleute lösten das Problem in der Regel selbstständig, nur wenn es sich als schwierig oder kniffliger herausstellte, kamen sie damit zu uns in den Betriebsrat. Die Unternehmensleitung akzeptierte diesen Vorschlag bereitwillig, denn er war in jedem Falle vorteilhaft. Tatsächlich hatten die Arbeiter aufgrund der Arbeitsordnung das Recht, sich bei der Personalabteilung über Probleme bei der Arbeit zu beschweren. Das bedeutete, dass oftmals Hunderte von Leuten ›unterwegs‹ zum Personalbüro waren, anstatt an ihrem Arbeitsplatz produktiv zu sein. Das Personalbüro war damals eine zentral angesiedelte Einrichtung, die von einigen Arbeitsbereichen ausgesprochen weit weg war: Dort hinzugehen bedeutete manchmal, einen halben Tag zu ›verlieren‹, auch, weil es immer eine lange Schlange vor der Tür gab. Und diese Wege- und Wartezeiten übersetzten sich für das Unternehmen in verminderten Profit.

Auch der VW-Unternehmensleitung war also klar, dass unser Vorschlag die bestmögliche Lösung darstellte. Für die Italiener hatte sie den Vorteil, dass ihnen möglichst direkt am Arbeitsplatz geholfen wurde, und das Unternehmen vergeudete keine Zeit. Auch als in den Arbeitsbereichen das Personal abgebaut wurde, gingen die Vertrauensleute nicht in die Produktion zurück, selbst als es kaum noch italienische Arbeiter gab, in den schlimmsten Zeiten der Beschäftigungkrise, blieb dies so. Sie erhielten eine entsprechende Arbeit an anderen Stellen, zum Beispiel im Archiv. Vertrauensperson wurde man vor allem, wenn man schon länger in der Fabrik arbeitete, Erfahrung hatte, die Stadt kannte und letztlich wusste, wie man mit bestimmten Problemen umzugehen hatte.

Anders verhielt es sich mit dem größeren Anteil Vertrauensleuten, die nicht von der Arbeit freigestellt waren. Hier war es im Unterschied zu der kleinen Gruppe von Vertrauensleuten, die direkt von mir koordiniert wurden und als Kontaktperson fungierten, so, dass diese, wenn sie gewählt waren, die Produktion nicht verließen. Sie wurden nur für die regelmäßig während der Arbeitszeit stattfindenden Informationsveranstaltungen von der Arbeit entbunden. Um an diesen Versammlungen teilzunehmen, wurde ihnen gestattet, ihren Arbeitsbereich zu verlassen. Zudem konnten sie ihren Bereich verlassen, wenn ein Arbeiter dem Betriebsrat etwas Dringendes mitzuteilen hatte: In diesem Fall ging die Vertrauensperson zum Betriebsrat, um diesem von dem Problem zu berichten, das der Kollege beschrieben hatte. Während ihrer Abwesenheit war es die Aufgabe des Vorarbeiters, eine Vertretung für sie zu finden.

Die ausländischen Vertrauensleute nahmen zweimal im Monat zusammen mit den deutschen an Informationsveranstaltungen teil und einmal im Monat an einer separaten Versammlung. Diese separaten Versammlungen wurden abgehalten, weil man aus Zeitgründen auf den Informationsveranstaltungen, die allgemeine Probleme des Unternehmens betrafen, die speziellen Probleme der ausländischen Arbeitnehmer nicht diskutieren wollte. Oftmals gab es bei einigen Vertrauensleuten auch eine gewisse Scheu, sich vor einer so zahlreichen Runde zu äußern. Die Vertrauensleute bekamen von den ausländischen Mitgliedern des Betriebsrats (darunter natürlich auch ich) Informationen, die sie an die Arbeiter weitergaben, darüber hinaus war es eine ihrer wichtigsten Aufgaben, die Probleme mitzuteilen, die es in den Arbeitsbereichen gab.

Was ich 1964 im Bewerbungsgespräch angegeben hatte und weswegen ich zum Übersetzer und zur Kontaktperson für die Italiener im Betriebsrat geworden war, setzte ich in Taten um, vor allem auch, nachdem ich im Jahr darauf dessen Mitglied geworden war: Ich verlangte, dass die Italiener bei der Einstellung – es kamen damals bis zu 100 pro Tag an – im Büro des Betriebsrats vorbeikamen, auch weil dieser seine Erlaubnis zur Einstellung erteilen musste. In der Tat wurde bei VW die ausdrücklich vom Betriebsverfassungsgesetz vorgesehene Mitbestimmung praktiziert, die damals gerade noch verstärkt wurde und auf deren Basis Unternehmen und Arbeitnehmer gemeinsam die Entscheidungen in Bezug auf grundsätzliche Belange der Firma trafen, wozu auch die Einstellungen gehörten.[16]

Vorher war das anders gewesen, da wurden die neu eingestellten Arbeiter unverzüglich zu ihrem Arbeitsplatz gebracht, sobald die bürokratischen Angelegenheiten bezüglich ihrer Einstellung erledigt waren. Im Arbeitsbereich, dem sie zugewiesen waren, gab es dann den Vertrauensmann ihrer Gruppe, der die Aufgabe hatte, sie zum Eintritt in die Gewerkschaft zu bewegen. Aber oft zeitigte diese Überzeugungsarbeit nicht die gewünschte Wirkung, weshalb der Anteil eingeschriebener Mitglieder sehr niedrig war. Als ich hingegen das neue System einführte, begannen sich die Einschreibungen zu erhöhen. Das Unternehmen verlor ein bisschen etwas, denn die Zeit, die ich brauchte, um mit den Leuten zu reden, manchmal einen halben Tag, ging zulasten der Arbeit. Aber ich erreichte, dass die Italiener zunächst bei uns vorbeikamen, damit ich ihnen die Klauseln ihres Arbeitsvertrags, die Arbeitsvorschriften und ihre Rechte als Arbeiter erklären konnte.

Fast immer beharrte ich vor allem auf den Pflichten und den Verboten, an die sie sich zu halten hatten, denn ein Diebstahl, und sei es der einer noch so unbedeutenden Kleinigkeit, Abwesenheiten wegen einer ›vermuteten‹ Krankheit oder anderer ungerechtfertigter Gründe, Beleidigungen eines Kollegen usw. konnten ein Entlassungsgrund sein. Ich erklärte ihnen, dass die Rechte garantiert seien, aber dass die Pflichten und Verbote vom Arbeitnehmer gewissenhaft einzuhalten waren, denn bei einem Fehler wäre alles vorbei und der Arbeitsplatz verloren. Erst danach sprach ich mit ihnen über die Gewerkschaft und erklärte ihnen, dass alle Rechte, die wir hatten, durch Arbeitskämpfe zustande gekommen seien, die in der Vergangenheit geführt worden waren. Ich stellte klar, dass eine Mitgliedschaft kein Zwang, aber wünschenswert wäre, und zwar aus zwei Gründen: 1) um all das zu verteidigen, was rechtlich gesehen erreicht worden war, 2) um mit der Kraft vieler dafür zu kämpfen, unsere Arbeitsbedingungen durch weitere Forderungen zu verbessern. Es waren einfache und direkte Ausführungen, fast alle schrieben sich als Mitglied ein. Ich teilte ihnen auch mit, dass die Beitrittsgebühr von einem Prozent ihres Lohns automatisch bei der Gehaltsabrechnung abgezogen würde.

Innerhalb weniger Monate wuchs die Zahl der Gewerkschaftsmitglieder beträchtlich. Im März 1965 war ich zum Betriebsratsmitglied gewählt worden, und im September desselben Jahres sollte in Bremen der achte Bundeskongress der IG Metall stattfinden. Dazu wurde ich eingeladen, denn es hatte sich bis zur Bundeszentrale in Frankfurt herumgesprochen, dass es in Wolfsburg einen großen Anstieg bei den Beitritten gab. Ich wurde nicht als Delegierter, sondern als Gast eingeladen, zusammen mit drei anderen Kollegen unterschiedlicher Nationalitäten. Auf dem Kongress wurde die Situation in Wolfsburg vorgestellt, weil man zeigen wollte, dass es für Ausländer möglich war, sich in der Gewerkschaft zu organisieren. Die Rede hielt ein Türke, Yilmaz Karahasan. Den Text hatten Karahasan selbst, Max Diamant, der Leiter der Abteilung »Ausländische Arbeiternehmer« im Bundesvorstand der IG Metall, und ich geschrieben. Ich denke, dass es nützlich ist, das Protokoll dieser Rede hier vollständig wiederzugeben:

»Liebe Kolleginnen! Liebe Kollegen! Werte Gäste und Freunde!

Es ist für mich ein besonderes Ereignis, hier über die Probleme der ausländischen Kollegen zu sprechen. Ich darf die brüderlichen Grüße der in der IG Metall organisierten ausländischen Kollegen übermitteln, welche gleichzeitig die Sprecher der 400.000 ausländischen Arbeiter sind, die in der Metallindustrie der Bundesrepublik Deutschland arbeiten.

Wir sind hier lediglich als Gastdelegierte, weil wir noch nicht lange in der Organisation sind. Aber, Kolleginnen und Kollegen, wir fühlen uns als ein Teil unserer Organisation und sind auch ein Teil unserer Organisation, der IG Metall. 23 Prozent der organisierten ausländischen Arbeitnehmer sind der IG Metall. Das bedeutet schon heute einen Organisationsstand, der sich den 100.000 zu nähern beginnt.

Wir wollen keine Betreuung, sondern Mitarbeit und Integrierung im gesellschaftlichen Leben..

Für die deutsche industrielle Entwicklung ist es nicht neu, daß wir ausländischen Arbeiter in den Betrieben beschäftigt sind. Beim Beginn der industriellen Entwicklung waren die ausländischen Arbeiter in einigen Gegenden isoliert. In der nahen Vergangenheit, als die deutschen Gewerkschaften zerschlagen waren, wurden sie als Zwangsarbeiter hergebracht und hießen Fremdarbeiter. Obwohl heute den ausländischen Arbeitnehmern in der Bundesrepublik dank des Deutschen Gewerkschaftsbundes gleiche tarifliche Bedingungen zugesichert sind, nennt man uns Gastarbeiter. Sind wir Gäste oder gleichberechtigte Arbeitnehmer aus dem Ausland?

Liebe Kolleginnen und Kollegen!

Wer läßt seine Gäste arbeiten? Es entspricht dem gemeinsamen Interesse aller Arbeitnehmer, daß auch in der Anrede sowie im Begriff die ausländischen Arbeitnehmer nicht in eine Sonderstellung hineingezwungen werden, weder im Betrieb noch in der Gesellschaft. Nach den geltenden sozialen Vereinbarungen sind wir ausländischen Arbeitnehmer, und in der Mitte unserer Gewerkschaft, an der Seite unserer Kollegen wirken wir erst recht nicht als Gastarbeiter, sondern als ausländische Kollegen.

Liebe Kolleginnen, liebe Kollegen!

Ihr wißt sicher, daß die ausländischen Arbeitnehmer nach Einflußsphären und Nationalitäten gewissen Organisationen zur ›Betreuung‹ zugeteilt sind. So sind italienische und spanische Arbeitnehmer Objekte der sogenannten Betreuung seitens der katholischen Kirche. Die griechischen Arbeitnehmer wegen ihrer orthodoxen Religion sind der protestantischen Kirche zugeteilt. Die Türken sind nach dieser Regelung, da in ihrem Lande keine christliche Religion vorherrscht, der Arbeiterwohlfahrt zugewiesen.

Die beste Unterstützung für alle arbeitenden Menschen und besonders für die ausländischen Arbeitnehmer bieten die Gewerkschaften, das heißt, der solidarische Zusammenschluß der Arbeitnehmer. Die Gewerkschaft ist die einzige Organisation, die wirksam dafür eintritt, wenn ausländische Arbeitnehmer im Betrieb arbeitsrechtliche und in der Gesellschaft sozialrechtliche Probleme haben. Gewerkschaftliche Aufklärung in diesem Sinne muß sich sowohl an die Masse der ausländischen Arbeitnehmer wenden, aber auch an die deutschen Kollegen.

Was mit der gewerkschaftlichen Aufklärung dieser Art erreicht werden kann, zeigt das Beispiel aus dem VW-Werk. Uns schilderte der hier anwesende italienische Kollege Annese folgendes: In Wolfsburg arbeiten seit einigen Jahren zirka 5000 italienische Arbeitnehmer. Vor zwei Jahren war dort ein Organisationsstand von kaum 300 erreicht. Dann kehrten drei Kollegen von einem Zwei-Wochen-Lehrgang aus der IG-Metall-Schule in Lohr zurück. Seitdem ist eine gute Entwicklung zu verzeichnen, zuerst mit der

Bildung einer Gruppe von Vertrauensleuten. Dann folgte durch die Arbeit der Vertrauensleute eine ständig anwachsende Zunahme der organisierten italienischen Arbeitnehmer im VW-Werk. Sechs Monate später waren bereits etwa 1000 italienische Arbeitnehmer organisiert. Nach zwei Jahren ist ein italienischer Vertrauensmann von den deutschen Kollegen auf der gemeinsamen Liste zur Betriebsratswahl vorgeschlagen worden.
Seit März 1965 ist er Mitglied des Betriebsrates des VW-Werkes Wolfsburg. Ein anderer italienischer Vertrauensmann ist ständiger Mitarbeiter und Verbindungsmann im Betriebsrat. Die Gruppe italienischer Vertrauensleute ist im Vertrauenskörper vertreten. Heute sind im VW-Werk etwa 2500 italienische Kollegen organisiert. Damit ist dort ein Organisationsstand erreicht, der über 50 Prozent liegt und damit höher ist als bei den deutschen Kollegen.

Liebe Kolleginnen und Kollegen!

Andere Beispiele könnte ich hier anführen von der erfolgreichen gewerkschaftlichen Arbeit aktiver spanischer, griechischer und türkischer Kollegen, so zum Beispiel aus den Ford-Werken Köln, wo ich selbst Gelegenheit hatte, bei der Organisierung und Schulung türkischer Kollegen mitzuhelfen.
Durch gewerkschaftliche Aufklärung und gewerkschaftliche Zusammenarbeit wird es uns weiterhin gelingen, die neuangekommenen ausländischen Arbeitnehmer davor zu bewahren, daß sie von den deutschen Kollegen isoliert bleiben und damit allzu leicht zu Akkordbrechern oder zu mißbrauchten Lohndrückern werden können. Bedenkt, liebe Kolleginnen und Kollegen, daß diese ausländischen Arbeitnehmer ohnehin meistens aus Agrargebieten oder Ländern kommen, in denen durch die herrschenden politischen Umstände sich ein Wirken der freien Gewerkschaften noch nicht durchgesetzt hat.

Auf dem Weg zu einem vereinheitlichten demokratischen Europa ist es ein wichtiger Schritt nach vorne, wenn die ausländischen Arbeitnehmer hier in der Bundesrepublik die Möglichkeit haben, gleichberechtigt mit den deutschen Kollegen im Betrieb vertreten zu sein. Die volle Gleichberechtigung auf diesem Gebiet macht allerdings erforderlich, daß die Sonderregelungen für die Arbeitnehmer aus den EWG-Ländern eine Erweiterung finden und dann Geltung haben für alle hier beschäftigten ausländischen Arbeitnehmer, die längere Zeit im Betrieb sind. In diesem Sinne sollte die IG Metall bei den Vorschlägen zur Änderung des Betriebsverfassungsgesetzes auch in diesem Zusammenhange als Sprecher für die Herstellung der vollen Gleichberechtigung für alle Arbeitnehmer eintreten.

Liebe Kolleginnen und Kollegen!

Ich komme zum Schluß. Wir haben in diesem Lande gelernt, daß man für gleiche Rechte nur wirken kann, wenn man zusammen mit denen, zu welchen man gehört, gleiche Pflichten übernimmt. Entsprechend den großen Fortschritten in unserem gewerkschaftlichen Wirken unter den ausländischen Arbeitnehmern, die entscheidend durch die Initiative der IG Metall zustande kamen, sollte jetzt und im weiteren ein stärkerer und ständiger organisatorischer Ausbau erfolgen.
Wir sind überzeugt, daß unsere gewerkschaftliche Mitarbeit in der IG Metall als Erfahrung morgen Bedeutung erlangen wird – in den gewerkschaftlichen Organisationen unserer eigenen Länder. In diesem Sinne ist nach unserer Überzeugung die gewerkschaftliche Zusammenarbeit in der Bundesrepublik die wirksame Art einer konkreten und positiven Entwicklungshilfe, die die deutschen Gewerkschaften leisten. In diesem Sinne rufe ich im Namen der ausländischen Kollegen mit bewegtem Herzen euch allen zu: Solidarität und Freundschaft.«

Während des 8. Bundeskongresses der IG Metall 1965 in Bremen. Links von mir in der Bildmitte steht Max Diamant, der ein großes Vorbild für mich war.

Das Beispiel von VW in Wolfsburg war eindeutig: 50 Prozent der italienischen Arbeitnehmer waren damals Mitglied der Gewerkschaft. Von da an begann man, mit den Deutschen auf dieselbe Weise zu verfahren — es gab ein einführendes Gespräch bei der Einstellung, in dem die Rolle der Gewerkschaften erklärt wurde —, und seither beträgt die Zahl der Gewerkschaftsmitglieder unter den Arbeitnehmern wie auch unter den Betriebsratsmitgliedern konstant annähernd 100 Prozent.

Kurz danach kam zu meinem Amt als Betriebsratsmitglied das des Vorsitzenden des Ausländerbeirats in Wolfsburg hinzu. Nur wenig später wurde ich in Hannover zum Vorsitzenden des Ausländerbeirats für ganz Niedersachsen gewählt. Während meines gesamten Arbeitslebens bin ich immer wiedergewählt worden.

Dem Bundesausschuss für Ausländer der IG Metall gehörte ich als Beisitzer an, wodurch ich satzungsgemäß auch Mitglied des Bundesvorstands der IG Metall wurde. Der Ausschuss traf sich alle ein bis zwei Monate in Frankfurt am Main und diente dem Austausch zwischen lokaler und Bundesebene. Auch Max Diamant war als IG-Metall-Vorstandsmitglied und Leiter der Abteilung »Ausländische Arbeitnehmer« bei diesen Sitzungen immer anwesend.

Als Mitglied des Betriebsrats habe ich im Laufe der Jahre an verschiedenen Bundeskongressen der IG Metall als Delegierter teilgenommen. Dadurch habe ich eine solide Gewerkschaftsbasis erhalten, dank derer ich ›friedlich‹ kämpfen konnte, mit dem Wort und durch Demonstrationen, um die Arbeits- und Lebensbedingungen der Arbeiter und ihrer Familien zu verbessern.

Oftmals reichte für das, was ich als Vertreter der italienischen und ausländischen Arbeitnehmer tat, die Arbeitszeit nicht aus, denn mir war klar, wie zahlreich die Probleme waren, die angegangen werden mussten und die nicht notwendigerweise nur mit der Fabrik verbunden waren. Mit meinem Engagement außerhalb des Unternehmens, wozu auch die Organisation von Freizeitaktivitäten gehörte, versuchte ich, meinen Landsleuten ein bisschen Wärme zu geben und eine menschliche Beziehung zu ihnen zu pflegen, damit sie sich nicht so einsam fühlten. Einige von ihnen, vor allem die Jüngeren, sagten mir manchmal, dass ich für sie wie ein Vater sei, und das trieb mich noch weiter an, mich nicht nur um die Probleme bezüglich der Arbeit zu kümmern, sondern auch, im Rahmen des Möglichen, um die privaten.

Frieda

Wie berichtet, hatte ich Frieda am Tag meiner Ankunft in Deutschland kennengelernt, seither hatten wir uns immer wieder getroffen. Mit der Zeit entdeckten wir, dass uns ein tiefes Gefühl miteinander verband und dass sich unsere Leben einem gemeinsamen Weg näherten. Plötzlich und unerwartet verlieh diese Beziehung meinem Handeln einen neuen Sinn. Die Schwierigkeiten meines Lebens erschienen mir nicht mehr wie unbezwingbare Berge. Friedas Liebe ist das Schönste, was mir in Deutschland passiert ist. Wir begannen eine emotionale Stärke zu teilen, die uns Tag für Tag Freude bereitete und uns den Mut zu kühnem Handeln gab, wie etwa die Regeln zu brechen, um uns sehen zu können. Ich besuchte sie nämlich unerlaubterweise im Schwesternwohnheim in Gifhorn, wo sie wohnte, da sie im dortigen Krankenhaus als Krankenschwester arbeitete. Häufig ging ich zu Fuß, wobei ich hin und zurück 40 Kilometer zurücklegte, um oftmals nur wenige Stunden mit ihr zu verbringen. Männer durften dort eigentlich nicht hinein, aber mit Friedas Hilfe gelang es mir immer, einen Weg in die Unterkunft zu finden. Ich hatte ja eine gewisse Erfahrung in der Kunst, auf geheimen Wegen Orte zu erreichen, die eigentlich verboten waren, mein Gespräch mit Willi Weiß zeugte davon. Es kam vor, dass Frieda zur Arbeit musste, und so wurde ich, um zu vermeiden, dass wir entdeckt wurden, in ihrem Zimmer ›verwahrt‹, das sie von außen abschloss, wodurch ich, zum Teil stundenlang, auf angenehme Weise zum Gefangenen der jungen Frau wurde, in die ich mich verliebt hatte.

Jedoch konnten auch unvorhergesehene Ereignisse eintreten, die mit jugendlichem Leichtsinn zu tun hatten. Eines Tages, nachdem ich ein Motorrad gekauft hatte, mit dem ich endlich zur Arbeit nach Fallersleben fahren konnte, beschloss ich, damit zu Frieda nach Gifhorn zu fahren. Da sie ein Fahrrad hatte, kam mir die verrückte Idee, sie mit dem Motorrad nach Bokensdorf zu ziehen, denn sie sollte gerade an jenem Tag für das Wochenende nach Hause kommen. Der Plan wurde in die Tat umgesetzt: Auf ihrem Fahrrad sitzend hielt sie sich mit einer Hand am hinteren Teil meines Motorrads fest, und ich zog sie hinter mir her. Der Ausgang war desaströs: Nach wenigen hundert Metern verlor ich die Kontrolle über das Motorrad und stürzte voller Wucht hin. Ergebnis: ein riesiger Bluterguss an einem Bein, unbeschreibliche Schmerzen, zwei Wochen Krankschreibung. Aber zumindest Frieda blieb unverletzt.

Als ich bei VW anfing, wohnte ich noch bei ihrer Schwester Berta. Mit meinem ›VW-Ersparten‹ hatte ich mir einen Käfer gekauft, aber nur fünf Monate nach dem Kauf beschloss ich, ihn wieder zu verkaufen, denn ein Wunsch war stärker als alles andere: Frieda und ich wollten uns zusammen ein Haus bauen. Mit dem Erlös aus dem Autoverkauf (und weiterem Geld, das ich schon zur Seite gelegt hatte) erwarb ich ein Grundstück in Bokensdorf. Das Baumaterial kaufte ich nach und nach, sobald ich ein bisschen Geld über hatte. So begannen wir zu

Mein erstes Auto war natürlich ein Käfer.

bauen, wobei uns klar war, dass es Zeit brauchen würde. Wir waren ein ausgesprochen ungewöhnliches Bauarbeitergespann: Frieda, die Krankenschwester ohne jegliche Bauerfahrung, und ich, der zwar ein bisschen was davon verstand, doch hatte ich eigentlich noch nie Häuser gebaut, sondern nur ›versetzt‹. Aber das Verlangen nach einem gemeinsamen Leben und die gegenseitige Unterstützung überwanden jedes Hindernis. Die Arbeit war hart, denn wir hatten lediglich unsere Muskelkraft zur Verfügung. Nur mit Schaufel und Schubkarre hoben wir den Keller bis in 1,40 Meter Tiefe aus, auf einer Fläche von 13 x 11 Metern: eine unbeschreibliche Mühsal. Da wir uns keine Mischmaschine leisten konnten, mussten wir auch den Beton von Hand herstellen. Um zu sparen, gewannen wir den für die Wände benötigten Sand fast vollständig aus dem Aushub des Kellers. Als wir mit dem Fundament und den Wänden fertig waren, unterbrachen wir die Arbeit, da wir all unser Material verbraucht und entschieden hatten, keine Schulden zu machen, um neues zu kaufen. Unsere Gehälter ließen keine verwegenen Schritte zu. Auch deshalb hörte Frieda kurze Zeit später als Krankenschwester auf, da sie kein höheres Gehalt zu erwarten hatte, und begann wie ich bei VW zu arbeiten, wo der Verdienst besser war.

Im ersten Jahr schafften wir es lediglich, den Keller fertigzustellen. Im zweiten errichteten wir den Rohbau. Als es dann um das Dach ging, mussten wir geeignetes Holz für die Trägerbalken finden. Kurz zuvor hatte ich mit dem Bauern gesprochen, bei dem ich nach meiner Ankunft in Deutschland gearbeitet hatte. Er besaß einen großen Wald und hatte mir zugestanden, dort Bäume zu fällen. Frieda und ich machten uns an die Arbeit. Eine weitere Leistung für sie, sie zog die große Baumsäge auf der einen Seite und ich auf der anderen. Ab und zu verkantete sich die Säge, und Frieda geriet dann in Panik. Manchmal begann sie vor Müdigkeit und Frustration zu weinen: Wie viele Tränen hat sie vergossen! Ich hatte eine gewisse Erfahrung, denn ich hatte in Italien schon solche Arbeiten gemacht, sie hingegen noch nie. Aber wir ließen uns nicht entmutigen. Ich lieh mir vom Bauern den Traktor mit dem Anhänger (natürlich sollte ich diese Leihgabe in Arbeit abgelten) und brachte die Stämme ins nahe gelegene Sägewerk, wo sie zu Balken

Mit Frieda vor unserem noch im Bau befindlichen Haus.

zugeschnitten wurden, um danach auf den Rohbau aufgesetzt zu werden. Auf diese Weise – indem wir eine weitere Arbeit verrichteten, die wir vorher nie getan hatten – gelang es Frieda und mir, das Dach zu vollenden. Im dritten Jahr schafften wir es, das Haus außen und innen zu verputzen, und wir konnten die Fenster kaufen. Insgesamt plagten wir uns, ein Stein nach dem anderen, langsam, aber entschlossen, dreieinhalb Jahre, um unser Haus zu bauen, und am Ende hatten wir es geschafft.

Man mag diese Beschreibung der Hausbaudetails vielleicht ein bisschen nüchtern finden, wenn es darum geht, über den Menschen zu schreiben, mit dem ich mich entschieden hatte, mein Leben zu teilen, aber gerade das war unsere erste große gemeinsame Unternehmung: dem Ort, der für uns Unabhängigkeit, Freiheit, emotionale Intimität bedeutete, eine Form zu geben. Uns ein Haus zu bauen, bedeutete für uns, die Liebe, die uns verband, sichtbar zu machen, und wenn es stimmt, dass Tiefe und Wahrhaftigkeit der Gefühle sich in den Schwierigkeiten erweisen, die diese auf die Probe stellen, dann ist der Hausbau die erste von vielen gewesen, vor die uns das Leben gestellt hat. Aus tiefer innerer Überzeugung kann ich sagen, dass keine davon unsere Gefühle füreinander auch nur angekratzt hat.

Als wir 1967 mit unserem Hausbau fertig waren, haben wir auf ganz klassische deutsche Art und Weise geheiratet: zuerst auf dem Standesamt und einen Tag später in der evangelischen Kirche. Zum ersten Mal kamen meine Eltern zu Besuch, zusammen mit meinem Bruder Pietro. Von Frieda waren alle Verwandten dabei, da sie in Bokensdorf lebten. Ich hatte auch mehrere Arbeitskollegen eingeladen, mit denen mich inzwischen eine aufrichtige Freundschaft verband. Nach der Trauung gab es für alle Gäste ein Mittagessen mit der traditionellen Hochzeitssuppe. Auch ein Schwein hatte zu diesem Anlass sein Leben lassen müssen. Zwei Tage nach der Hochzeit zogen wir in unser neues Haus ein. Beim Polterabend hatten einige unserer Gäste einen Kinderwagen auf dem Schornstein platziert, und ein Jahr später ging dieser Wunsch mit der Geburt unserer Tochter Ria in Erfüllung.

Wir fragten uns, ob es nicht besser für das Kind wäre, wenn Frieda zu arbeiten aufhörte. Ihre Schwester Berta hatte angeboten, auf die Kleine aufzupassen, und gemeint, es sei besser weiterzuarbeiten, um einige Vergünstigungen nicht zu verlieren. Aber wir entschieden anders. Frieda würde sofort aufhören, wir wollten unserer Tochter nichts von der mütterlichen Wärme entziehen, die unersetzlich ist. Damit verzichteten wir auf eine Einkommensquelle, die unserer finanziellen Situation gutgetan hätte, aber wir setzten auf etwas, das weit mehr zählte als Geld. Ich hingegen arbeitete weiter im Betriebsrat und konn-

Meine Hochzeit mit Frieda 1967, einer der schönsten Tage in meinem Leben. Zwei Reihen hinter mir ist mein Bruder Pietro zu sehen.

te meiner Tochter nicht das geben, was ihr meine Frau gegeben hat. Meine Arbeit wurde immer anspruchsvoller und führte mich oft von Bokensdorf fort, zu Seminaren und Auffrischungskursen der IG Metall. Ich war oft nicht zu Hause, aber die konstante Anwesenheit von Frieda hat in entscheidendem Maße zum Familienwohl beigetragen.

Manchmal denke ich darüber nach, dass wir beide, Frieda und ich, vor etwas geflohen sind, um uns hier in Bokensdorf zu treffen: ich vor Armut und Elend, sie vor Krieg und Verfolgung in der Sowjetunion, als die deutsche Wehrmacht im Zweiten Weltkrieg Russland überfiel. Ihre Eltern sind Nachfahren jener Deutscher, die im 18. Jahrhundert von der Zarin Katharina II., die ebenfalls deutscher Abstammung war, dazu eingeladen worden waren, sich in einigen russischen Gegenden niederzulassen, um diese zu bevölkern und urbar zu machen. Diesen Kolonien waren wichtige Rechte garantiert worden, wie zum Beispiel das, die eigenen Bräuche zu bewahren und die Herkunftssprache zu pflegen. Nach und nach war die Zahl der Ansiedlungen gewachsen und die deutschen Gemeinschaften in Russland hatten sich erfolgreich in die lokale Bevölkerung integriert. Friedas Familie hatte ein gutes Leben in der Ukraine gehabt. Ihre Großeltern väterlicherseits hatten sich eine solide Position geschaffen. Durch harte Arbeit hatten sie einen florierenden Landwirtschaftsbetrieb aufgebaut, zu dem ausgedehnte Ländereien und viel Vieh gehörten, vor allem Pferdeherden. Damit standen sie nicht allein, es gab zahlreiche Fälle gelungener Integration, die sich durch ökonomischen Erfolg auszeichneten. Mit dem Überfall durch Nazideutschland 1941 fand dieses Idyll sein Ende. Die ›deutschen Russen‹ wurden von Stalin als nicht zur Nation zugehörig betrachtet. Sie wurden gezwungen, das Land zu verlassen, auf dem ihre Familien seit Jahrhunderten lebten, und deportiert, meistens nach Sibirien.[17] Den Glücklicheren gelang es, nach Deutschland zu fliehen und dort unterzukommen. Friedas Vater packte alles, was ging, auf einen Wagen, vor allem Lebensmittel (zwei Kühe folgten ihnen als Milchreserve), und schaffte die Familie zu Fuß in Richtung Nordwesten weg. Er gestand neben den jüngeren Kindern nur zwei Erwachsenen einen Platz auf dem Wagen zu: der fast blinden Mutter seines Schwiegersohns Alex und seiner an Tuberkulose erkrankten Frau, die wenige Jahre nach ihrer Ankunft in Deutschland sterben sollte. Frieda sind von ihrer Mutter, deren Namen sie trägt, nichts als ein paar verblichene Fotos geblieben. Die Karawane bewegte sich nach Polen, wo sie drei Monate blieb, um dann, nach einem Tausende von Kilometern langen Marsch, in Deutschland anzukommen.

Die deutschen Behörden koordinierten die Ansiedlung der zahlreichen Flüchtlinge nur sehr oberflächlich und brachten sie bei Bauersfamilien unter, die die aus dem Osten geflohenen Landsleute aufnahmen und sie gleichzeitig als billige Arbeitskräfte ausbeuteten. Die dafür bereitgestellten Behausungen waren meistens heruntergekommen und baufällig, ähnlich der Baracke, in der Pietro und ich im ersten Stock schliefen und wo im Erdgeschoss seit den Kriegsjahren zwei Flüchtlingsfamilien lebten – in einer winzigen Unterkunft mit Minizimmern waren elf Menschen eingepfercht. Es gab weder Wasser noch Heizung, und im Winter war es eiskalt. Die Familie meines zukünftigen Schwiegervaters lebte unter ähnlichen Bedingungen bei Bauern, die einen kleinen Betrieb in Bokensdorf besaßen.

Ihre Unterkunft hatte nur kleine Fenster. Im Winter bildeten sich auf den dünnen Scheiben Eisblumen, oft auch auf den Innenwänden. Eine Extremsituation, aber das Wichtigste war es, der Verfolgung durch das Stalinregime entkommen zu sein und ein Dach über dem Kopf zu haben, selbst wenn es kaputt war. Langsam verbesserte sich die Situation, auch weil sich Friedas Vater mit tausend verschiedenen Arbeiten durchschlug, darunter jener, für die Bauern im Umkreis das Vieh zu schlachten.

Friedas ältere Schwestern waren schon ziemlich groß, als die Familie die Ukraine verlassen musste, und haben ihr Russisch nie verlernt. Frieda, die damals erst zwei war, hat nur schwammige Erinnerungen an jene Erlebnisse, aber zweifellos nimmt das kindliche Bewusstsein weitaus mehr wahr als das, woran sich das erwachsene dann bewusst erinnert. Kilometerlange Märsche, Anstrengungen, Entbehrungen, Ängste hinterlassen ihre Spuren im zwar noch unreifen, aber auch außerordentlich aufnahmefähigen Bewusstsein eines Kindes. Während ihrer Fluchtodyssee Richtung Deutschland wurde ein Bruder Friedas, obwohl noch nicht volljährig, der Familie entrissen und zur Wehrmacht eingezogen. Trotz aller möglichen Recherchen, die nach dem Krieg unternommen wurden, hat man von ihm nie wieder etwas gehört. Auch die erste Zeit in Deutschland war furchtbar. Ihr Vater war gezwungen, sich im Wald zu verstecken, um nicht eingezogen zu werden und damit dem sicheren Tod entgegenzugehen, im Kampf gegen das Volk, mit dem er bis kurz zuvor zusammengelebt hatte, in einem unsinnigen Krieg, den Deutschland schon längst verloren hatte.

Manchmal überkommt Frieda eine tiefe Traurigkeit, dass sie ihre Mutter so wenig gekannt hat. Es bleiben ihr nur die Briefe, die diese kurz vor ihrem Tod schrieb, als sie im Sanatorium war, um ihre Tuberkulose behandeln zu lassen: verblichene Briefkarten, die mit Bleistift in Sütterlinschrift beschrieben sind. Auf einer steht: »Das ist das einzige Geschenk, das ich dir machen kann.« Wie kann man glücklich sein, wenn es einem am Lebenswichtigsten fehlt, an der Beziehung zu der, die einen geboren hat? Wir brauchen unsere Identität, unsere Vergangenheit. Dies passiert, in anderer Weise, auch bei der Emigration. Frieda und ich sind zwei entwurzelte Pflanzen, aber die Wurzeln dieser Pflanzen sprechen.

Wenn ich an all das denke, durchläuft mich ein Schauder, und ich hoffe von ganzem Herzen vor allem eines: Dass ich dazu beigetragen habe, ihr das Glück zu bereiten, das ihr das Schicksal in den ersten Jahren ihres Lebens vorenthalten hat.

Nationalismen, Integration und eine europäische Idee

Kurz nachdem wir begonnen hatten, unser gemeinsames Haus zu bauen, haben Frieda und ich uns verlobt, und nur ein paar Tage danach geschah etwas, das uns sehr verstörte. Uns wurde nämlich eine auf Deutsch geschriebene Postkarte ohne Absender zugestellt, auf der stand: »Du alte Hure, schämst du dich nicht? Hast du überhaupt keinen deutschen Stolz, dass du mit einem Italiener gehst?« Frieda war davon zutiefst erschüttert. Ich ging zu Hugo Bork, zeigte ihm die Postkarte und erzählte ihm von dem Schock, den Frieda erlitten hatte. Hugo sagte mir, dass ich alles bei der Polizei anzeigen könnte, auch wenn er mir nicht viel Hoffnung auf Aufklärung machte. Ich erstattete Anzeige und händigte die Karte aus. Nach einem Monat teilte mir die Polizei mit, dass sie nachgeforscht hätte, aber ohne Ergebnis. Kurz danach bereute ich es, mir vor der Übergabe an die Polizei keine Kopie der Karte gemacht zu haben. Andernfalls hätte ich das einzige Zeichen von offener Intoleranz, das ich persönlich jemals in Deutschland erlebt habe, noch immer bei mir. Das war die Überraschung, die mir das Land, das mich aufgenommen hatte, bereitete: Es existierten (und existieren noch immer) offenbar so viele stumpfsinnige Nationalisten, einige davon erklärtermaßen voller Sehnsucht nach dem Nazismus. Ich habe jedoch, außer in diesem Fall, niemals heftige Fälle von Diskriminierung in Bezug auf Ausländer direkt erlebt.

Allerdings bemerke ich, auch wenn es sich dabei nicht um explizite Diskriminierung handelt, immer wieder, dass man, sobald man über bestimmte Dinge zu sprechen beginnt, Anzeichen von Nationalismus entdecken kann. Er ist eine noch immer vorhandene Krankheit, die sich überall einschleicht. Die Folge davon ist das herbe und zynische Urteil über diejenigen, die aus einem anderen Land kommen, weshalb der Emigrant immer ein Ausländer ist und dies bleiben wird, ein Bürger, der ›anders‹ ist. Man kann sich aufopfern, so viel man will, man kann versuchen, das Doppelte im Vergleich zu den Einheimischen zu geben, aber man wird immer ein Ausländer sein. Ich bin davon überzeugt, dass es niemals möglich sein wird, diese Einstellungen vollständig zum Verschwinden zu bringen. Die Unfähigkeit, sie aus der Welt zu schaffen, ist einer unserer ›Fabrikationsfehler‹. Der Mensch ist so gemacht.

Ich glaube, dass die außergewöhnliche Geschichte eines bei VW beschäftigten italienischen Emigranten ein einleuchtendes Beispiel für diese Schwierigkeit ist. Da er es nicht mehr aushielt, von einigen Deutschen als *Itaker*[18] verspottet zu werden, hatte er beschlossen, seine Staatsangehörigkeit und seine Meldedaten zu ändern: Er beantragte einen deutschen Pass und einen deutschen Namen. ›Formal‹ wurde er also Deutscher, aber trotzdem (oder vielleicht gerade deshalb) ging an einem Tag in der Fabrik einer der Kollegen, die ihn in der Vergangenheit beleidigt hatten, mit groben Scherzen gegen den Ausländer, der sich ›eingedeutscht‹ hatte, wieder zum Angriff über: Es kam zum Streit. Der Deutsche meldete diesen, und so wurde der Personalausschuss (der sich auch um Disziplinarangelegenheiten kümmerte) hinzugezogen, denn der ›Italiener‹ hatte die Kontrolle verloren und dem Angreifer einen Faustschlag versetzt. Mit viel Mühe gelang es, seine Entlassung zu verhindern, aber wer letzten Endes verloren hatte, war der Italiener: Die deutsche Staatsangehörigkeit anzunehmen, hatte seine ›Italianità‹, seine italienische Herkunft und Wesensart, nicht zum Verschwinden gebracht.

Es gab einen Augenblick, in dem auch ich daran dachte, die deutsche Staatsbürgerschaft zu beantragen. Das war unmittelbar nach der Verlobung mit Frieda. Ich diskutierte mit ihr über die Vorteile, die das bringen könnte: Es hätte den Behördenkram vereinfacht, wie die Beantragung und die Ausstellung der Arbeits- und Aufenthaltsgenehmigungen, auch derjenigen, die notwendig waren, um den Hausbau abzuschließen. Also fuhr ich nach Gifhorn, um mich bei der zuständigen Behörde nach dem Verfahren und den Kosten zu erkundigen. Als der Beamte mir sagte, dass dafür zwischen 5.000 und 50.000 Mark zu bezahlen wären, war ich völlig von den Socken. Er erklärte mir, dass diese Unterschiede vom Beruf und vom Einkommen abhingen: Der ›Preis‹ der Staatsbürgerschaft war für einen Arbeiter anders als für einen Anwalt, und er fügte hinzu, wenn ich wissen wolle, wie hoch die Gebühren in meinem Fall seien, könne er die Zahl ausrechnen. Bei dieser Antwort erwiderte ich spontan: »Ich will die Staatsbürgerschaft nicht kaufen, ich möchte sie beantragen, weil ich mich hier in Deutschland wohlfühle.« Ich kehrte nach Hause zurück und erzählte Frieda davon, die meiner Meinung war: Unter diesen Bedingungen würde ich die Staatsbürgerschaft nicht beantragen, und seitdem habe ich nicht mehr daran gedacht, es zu tun. Heute ist es viel leichter, sie zu erhalten, aber ich habe meine Meinung nicht geändert, auch, weil mit der Zeit andere Gründe hinzugekommen sind. Vor allem anderen geht es dabei um meinen Wunsch, eine Idee von echter Integration zu verteidigen, die aus gegenseitigem Respekt und aus Kooperation zwischen unterschiedlichen Kulturen besteht: In Deutschland wollte ich immer, und will ich weiterhin, ein Italiener sein, der seine ursprüngliche Identität nicht aufgibt, auch wenn er eine andere dazugewonnen hat, die mit der ersten ständig im Dialog ist, oft auf mühevolle Weise.

Und genau darum geht es, wenn man von Integration spricht: um den Dialog zwischen unterschiedlichen Kulturen, nicht um deren Angleichung. Ich habe deswegen immer versucht, frontale Zusammenstöße mit denjenigen zu vermeiden, die offen ihren jeweiligen Nationalismus zeigten, denn ich habe gelernt, dass man mit weniger oftmals mehr erreicht: Mit weniger groben Worten, weniger Aggressivität, weniger Arroganz erzeugt man mehr Offenheit, mehr Bereitschaft zum Dialog, mehr Verständnis für die eigenen Anliegen.

Selbstverständlich sind Dialog und Verhandlung auch immer die Königswege gewesen, wenn es bei meiner Arbeit in der Fabrik darum ging, die Rechte der Arbeitnehmer zu verteidigen. Den 200 Vertrauensleuten habe ich immer erklärt, wie die Dinge standen, und dabei klargemacht, welches die Bedingungen waren, um bestimmte Ziele zu erreichen. Wenn man etwas forderte, musste man das mit der notwendigen Standhaftigkeit tun, aber gleichfalls alle Mittel einsetzen, die uns das Mitbestimmungsgesetz zur Verfügung stellte. Als zum Beispiel ab 1962 Italiener in großer Zahl nach Wolfsburg kamen, gingen viele von ihnen nach kurzer Zeit wieder weg, weil, wie ich schon erwähnt habe, diejenigen, die ihre Familie mitbringen wollten, oft keine ausreichend große Wohnung fanden. Oft kehrten sie deshalb enttäuscht nach Italien zurück. Die Wohnungen wurden von der Stadt und von VW vergeben, da sie mit deren Finanzmitteln gebaut worden waren. Ich schlug damals vor, einen bestimmten Teil für Italiener vorzusehen, um ihnen Wohnmöglichkeiten zu bieten und keine Ghettos zu schaffen, und zwar jeweils eine von acht Wohnungen. Der Vorschlag wurde erwogen, diskutiert, beurteilt und am Schluss angenommen. Ein Problem konnte also mit gesundem Menschenverstand gelöst werden, ohne übertriebene Forderungen von einer Seite und ohne blindes Dichtmachen der anderen, indem ein Kompromiss erreicht wurde, den alle akzeptieren konnten. Vielleicht war es nicht der bestmögliche, aber mit Sicherheit das Ergebnis einer Verhandlung, die zur Zustimmung aller Parteien geführt hatte. So begann Wolfsburg, ein Integrationsmodell zu werden.

Aufgrund dessen, was ich vorher in Bezug auf den ›menschlichen Fabrikationsfehler‹ gesagt habe, bin ich jedoch überzeugt, dass es keine vollständige Integration gibt. Manchmal werde ich gefragt: »Aber fühlst du dich integriert?« »Ja«, antworte ich dann, »auf meine Weise.« Mein Herz ist zur Hälfte in Italien und zur Hälfte in Deutschland, obwohl ich den größten Teil meines Lebens weit entfernt von meinem Heimatland verbracht habe. Der Punkt ist, dass man aus der Seele eines Menschen nicht das entfernen kann, was ihn in den ersten Jahren seines Lebens geprägt hat, man kann aus einem Menschen die starken Erinnerungen seiner Kindheit nicht herausreißen. Daher ist es in meinen Augen sinnlos und verlogen, die Komödie der vollständigen Integration aufzuführen, und ich bekenne, dass ich denjenigen, die mich fragen, ob sie zum Arbeiten nach Deutschland kommen sollten, antworte, gut darüber nachzudenken, denn Ausländer zu sein, Emigrant zu sein, ist wirklich keine leichte Sache. Das sage ich, weil sich in den Jahrzehnten nach meiner Ankunft in Deutschland zwar viele Dinge geändert haben, aber die Probleme der Integration dieselben geblieben sind, und heutzutage haben sie zudem mit den Geflüchteten zu tun, die verzweifelt Europa zu erreichen versuchen.

Auf dem alten Kontinent breitet sich weiterhin der Radikalismus aus. Die Nationalismen verschanzen sich, Referenden bestätigen den Weggang bedeutender Mitglieder aus dem gemeinsamen europäischen Haus, die Geflüchteten werden mit Misstrauen betrachtet, wie Feinde, wie Konkurrenten, wenn nicht sogar als Privilegierte, die auf Kosten der ehrlichen einheimischen Beitragszahler durchgefüttert werden. Jeden Tag werden schöne Reden über Solidarität und Aufnahmebereitschaft gehalten. Aber Worte ohne Taten taugen wenig: Man verurteilt den Krieg, aber dennoch werden weiterhin Kriege geführt, man verurteilt den Menschenhandel, und doch wird weiter mit Menschen gehandelt, man verurteilt ausbeuterische Arbeit, und doch geht die Ausbeutung ohne Rechte und Sicherheiten weiter – als ob es eine höhere Macht gäbe, die es den Mächtigen verbieten würde, die Dinge zu ändern, als ob die Macht in Bezug auf etwas, das sich als groß und unbesiegbar herausstellt, ›ohnmächtig‹ wäre. Aber was kann dieses Etwas denn letztendlich sein, wenn nicht Egoismus, Gleichgültigkeit, Trägheit des Willens und mangelnder Mut der Entscheidungsträger, die anstatt zu entscheiden lieber reden? Gute Absichten führen zu guten Taten, aber nur, wenn dazwischen nicht zu viele Worte verloren werden. Was zählt, sind konkrete Handlungen, die darauf gerichtet sind, Probleme wirksam zu lösen.

Man sagt, Politik sei Diplomatie. Aber Politik ist vor allem Handeln. Während meines Arbeitslebens habe ich mich um die Probleme der anderen gekümmert, ohne darauf zu achten, ob es um Italiener, Tunesier, Türken, Deutsche, Frauen oder Männer ging. Für mich zählten das Problem und der Mensch. Ich habe nie etwas versprochen, sondern immer gesagt: »Ich werde sehen.« Aber hinter dieser Antwort stand der gute Wille, eine Lösung zu finden. Ich betone das, weil ich denke, dass vieles ohne große Investitionen, ohne größere Komplikationen funktionieren kann. Wenn es die ehrliche Absicht gibt, dem anderen zu helfen, reichen oft Zuhören und Geduld. Aber das ist nur möglich, wenn ich im anderen einen Menschen wie mich selbst sehe, mit denselben Bedürfnissen, denselben Ängsten, derselben fragilen Menschlichkeit.

Die Kritik an den europäischen Ländern ist, dass letztendlich jedes Land nur an sich denkt. Natürlich hat jede Nation ihren Ursprung und ihre Kultur, die es zu bewahren gilt, aber die wirtschaftliche und soziale Entwicklung zwischen den einzelnen Ländern sollte nicht so unterschiedlich sein. Für mich ist Europa eine große Familie, die jedoch in Unordnung geraten und voller Konflikte ist. Um die Unordnung zu beseitigen und ein bisschen Harmonie hineinzubringen, müsste man meiner Meinung nach die offen zutage liegenden Ungerechtigkeiten durch entschiedenes politisches Handeln unmittelbar beseitigen. Diese zeigen sich in den Unterschieden zwischen Privilegierten und Ausgebeuteten, in der Distanz zwischen den Mächtigen und den Abgehängten, in Arbeitslosigkeit, wirtschaftlicher Ungleichheit und ungleichen Bildungschancen. Es ist inakzeptabel, dass es in Europa Millionen von Ungebildeten gibt, Millionen von Menschen, die von Sozialhilfe leben, Millionen von Jugendlichen ohne Arbeit, von denen viele gezwungen sind, ins Ausland zu gehen, um Arbeit zu finden.

Wenn das die Wirklichkeit ist, und es ist eine Wirklichkeit, die sich tragischerweise immer weiter ausbreitet, dann heißt das, dass mit dem Wirtschaftsmodell, dem wir bis heute folgen, etwas nicht stimmt. Es ist Aufgabe der Politik, dieses Scheitern einzugestehen und der Geschichte auf aufgeklärte Weise eine neue Marschrichtung zu geben. Wird die Politik dazu in der Lage sein, sich ihre Autonomie zurückzuerobern und der Wirtschaft Vorgaben zu machen, anstatt ihre Dienerin zu sein? Wird sie der Aufgabe gewachsen sein, die ihr ihr Rang zuweist? Das ist es, was ich mir wünsche. Ich hoffe aber auch, dass mein Wunsch nicht zu dem wird, was alle naiven Erwartungen an eine menschlichere Politik letztlich waren: eine Illusion.

Dabei war ein vielversprechender europäischer Gedanke schon im 1952 verabschiedeten Betriebsverfassungsgesetz enthalten. In Artikel 51, der sich im vierten Teil des Gesetzes mit dem bezeichnenden Titel *Mitwirkung und Mitbestimmung der Arbeitnehmer* findet, ist zu lesen:

»Arbeitgeber und Betriebsrat haben darüber zu wachen, daß alle im Betrieb tätigen Personen nach den Grundsätzen von Recht und Billigkeit behandelt werden, insbesondere, daß jede unterschiedliche Behandlung von Personen wegen ihrer Abstammung, Religion, Nationalität, Herkunft, politischen oder gewerkschaftlichen Betätigung oder Einstellung oder wegen ihres Geschlechts unterbleibt.« Das Gesetz nahm in vollem Umfang die Prinzipien der *Allgemeinen Erklärung der Menschenrechte* auf, die 1948 verabschiedet worden war und in der behauptet wurde, dass die in ihr festgelegten Rechte jedem Individuum zustünden, »ohne irgendeinen Unterschied, etwa nach Rasse, Hautfarbe, Geschlecht, Sprache, Religion, politischer oder sonstiger Überzeugung, nationaler oder sozialer Herkunft, Vermögen, Geburt oder sonstigem Stand«. Und auch das Grundgesetz der Bundesrepublik Deutschland, das 1949 in Kraft trat, legt fest, dass niemand »wegen seines Geschlechtes, seiner Abstammung, seiner Rasse, seiner Sprache, seiner Heimat und Herkunft, seines Glaubens, seiner religiösen oder politischen Anschauungen benachteiligt oder bevorzugt werden« darf.

In diesem Sinne hat das Betriebsverfassungsgesetz von 1952 die Richtlinien der EWG in Bezug auf die Freizügigkeit der Arbeitnehmer innerhalb der Gemeinschaft, die in der Verordnung Nr. 38 von 1964 (später ergänzt durch die Verordnung Nr. 1612 von 1968) erlassen wurden, um viele Jahre vorweggenommen. Diese Verordnung legte in Artikel 9 fest: »(1) Ein Arbeitnehmer, der Staatsangehöriger eines Mitgliedstaats ist, darf auf Grund seiner Staatsangehörigkeit im Hoheitsgebiet der anderen Mitgliedstaaten nicht anders behandelt werden als die inländischen Arbeitnehmer. Hinsichtlich der Beschäftigungs- und Arbeitsbedingungen, insbesondere hinsichtlich Entlohnung und Kündigung, genießt er den gleichen Schutz und die gleiche Behandlung wie die inländischen Arbeitnehmer [...]. (2) Der Arbeitnehmer [...] hat auch Anspruch auf gleiche Behandlung hinsichtlich der Zugehörigkeit zu Gewerkschaften und hinsichtlich des Wahlrechts und der Wählbarkeit zu den betrieblichen Vertretungsorganen der Arbeitnehmer. Zur Inanspruchnahme der Wählbarkeit muß der Arbeitnehmer 3 Jahre im

Hoheitsgebiet des betreffenden Mitgliedstaats in demselben Betrieb beschäftigt gewesen sein. Er muß die gleichen Voraussetzungen erfüllen, wie die inländischen Arbeitnehmer, jedoch nicht solche, die mit der Staatsangehörigkeit verknüpft sind.«

Dieser Artikel bildete 1965 den entscheidenden Impuls für meine Kandidatur zum Betriebsrat. Tatsächlich machte jener Artikel das plausibel und anwendbar, was in Artikel 7 des zweiten Teils (mit dem Titel *Der Betriebsrat*) des Betriebsverfassungsgesetzes vorgesehen war: »Wählbar sind alle Wahlberechtigten, die das 21. Lebensjahr vollendet haben, ein Jahr dem Betrieb angehören und das Wahlrecht für den Deutschen Bundestag besitzen. Von den Voraussetzungen der einjährigen Betriebsangehörigkeit und des Wahlrechts für den Deutschen Bundestag kann in Ausnahmefällen Abstand genommen werden, wenn zwischen der Mehrheit der Arbeitnehmer und dem Arbeitgeber hierüber eine Verständigung herbeigeführt wird.« Offensichtlich gab es 1965 diese Verständigung, und es hätte sie auch schon früher geben können angesichts der Tatsache, dass das Betriebsverfassungsgesetz diese ›Ausnahme‹-Möglichkeit vorsah, aber es ist klar, dass die pro-europäische Öffnung einen Prozess beschleunigte, der bereits im Gang war und in jedem Fall abgeschlossen werden musste: die vollständige Gleichstellung der ausländischen Arbeitnehmer im deutschen nationalen Kontext. Es war das Verdienst der IG Metall, mutig einen Italiener als Kandidaten für den Betriebsrat vorzuschlagen und auf diese Weise die Erfüllung der implizit von Artikel 7 vorgesehenen Bestimmungen zu verlangen und zu erhalten. Die Zeit war inzwischen reif, bei der Verteidigung der Arbeitnehmer die europäische Idee über die der nationalen Zugehörigkeit zu stellen.

Es ist kein Zufall, dass Yilmaz Karahasan gerade in jenem Jahr auf dem Gewerkschaftskongress in Bremen in seiner Rede unterstrich, wie wichtig es für ein »vereinheitlichtes demokratisches Europa« sei, dass die ausländischen Arbeitnehmer in der Bundesrepublik »gleichberechtigt mit den deutschen Kollegen im Betrieb vertreten« wären. Ebenso war der damalige IG-Metall-Vorsitzende Otto Brenner immer ein überzeugter Verfechter der Mitbestimmung als Mittel zur europäischen Integration der Arbeiterbewegung und als Gegengewicht zum Machtmissbrauch bei der Unternehmenskonzentration: In keiner seiner Reden vergaß er, daran zu erinnern, dass die Mitarbeit der Arbeitnehmer in den Gewerkschaftsorganisationen auf transnationale Weise zu erfolgen hätte. Die europäische Arbeiterbewegung sollte sich fest geschlossen zeigen, um der ebenso fest geschlossenen Allianz des europäischen Kapitalismus die Stirn zu bieten. Wie die Arbeitnehmer im Inneren jedes einzelnen Staates ihre nationalen Zugehörigkeiten beiseitelassen sollten und sich in der Praxis der Unternehmensmitbestimmung vereinigen sollten, so würde auch auf europäischer Ebene die Einigkeit der Arbeitnehmer beim Vollzug der Mitbestimmung einen Damm gegen die Forderungen der Arbeitgeberseite errichten. Es war eine Botschaft der Solidarität und der Integration, die die IG Metall nicht allein auf der programmatischen Ebene beließ, sondern die sich zunächst im Arbeitsbereich in einer Aktion für das passive Wahlrecht für Ausländer als Betriebsrat konkretisierte, dann, wie wir noch sehen werden, im weiteren sozialen Bereich in einem anstrengenden Kampf für die Anerkennung des Rechts, dass Ausländer bei den Sozialwahlen[19] kandidieren konnten, und letztendlich in Demonstrationen, die zur Eroberung des politischen Wahlrechts von Ausländern auf kommunaler Ebene führten.

Es erforderte einen jahrzehntelangen Kampf, damit sich ein Ausländer nicht mehr als unerwünscht, als Feind, als Gegner fühlte, sondern einfach als Mensch: ein Mensch, der arbeitet, der mit der Gesellschaft, deren Teil er ist, interagiert und der über seine Beteiligung an der lokalen Verwaltung zu politischen Entscheidungen beiträgt. Heute wird all dies unter dem Druck wieder aufblühender nationaler Egoismen in Gefahr gebracht: Spaltungen treten zutage, die die Errungenschaften der Integration und des gegenseitigen Respekts zwischen den Nationalitäten, die unsere Idee von Europa ausmachen, untergraben, Spaltungen, die sich in vielen Ländern des alten Kontinents im Aufkommen nationalistischer Kräfte manifestieren, die der Gemeinschaftspolitik gegenüber feindlich eingestellt sind. Es ist ein Europa, das sich in grundlegenden Fragen immer weniger einig ist, wie zum Beispiel in

Bezug auf die Zuwanderung, und das aus Bürgern besteht, denen es schwerfällt, eine Zugehörigkeit zur Gemeinschaft zu verspüren. Vor 50 Jahren wussten wir sehr gut, welches Europa wir wollten. Ich glaube nicht, dass es ein Fehler wäre, dahin zurückzukehren, um über dieses Projekt nachzudenken, dass vielen damals wünschenswert und möglich erschien.

Die Gewerkschaftskultur:
Theorie und Praxis. Einzelinitiativen und Gemeinschaftsaktionen

Wie ich erwähnte, war es mir über die Gewerkschaft möglich, zahlreiche Lehrgänge zu besuchen. Diese sind für meinen Werdegang von grundlegender Wichtigkeit gewesen, denn vor meiner Emigration nach Deutschland hatte ich keinerlei politische oder gewerkschaftliche Bildung erhalten. Die Gewerkschaft versah mich mit den notwendigen Instrumenten, um die Rechte der Arbeiter zu verteidigen, aber sie gab mir auch eine Sicherheit, die ich in der Vergangenheit nicht gehabt hatte: Sowohl in Italien als auch in Deutschland ist es mir oft passiert, dass ich von meinen Arbeitgebern schlecht behandelt wurde, ich es aber nicht gewagt habe, den Mund aufzumachen, weil ich schlimme Folgen befürchtete. Dank der Gewerkschaftsausbildung hingegen kannte ich die Gesetze und hatte eine starke Organisation im Rücken, wodurch ich mich viel sicherer fühlte. Das erlaubte es mir, bei der Durchsetzung der Arbeitnehmerrechte und deren Schutz mit größerer Entschlossenheit zu agieren.

Ich begriff, dass man nie den Kopf senken darf, wenn man respektiert werden will, dass man den Mächtigen in die Augen schauen muss, um seine Forderungen durchzusetzen, dass man sich nicht kleinmachen lassen darf, auch wenn das manchmal mühevoll und schmerzhaft ist. Um unsere Rechte zu verteidigen, haben wir viele Kämpfe geführt und manche schwere Schlacht geschlagen, wobei wir uns immer auf die Kraft unserer Zusammengehörigkeit verlassen konnten. Du kannst die besten Ideen haben, du kannst dich als Riese mit deinen Vorhaben fühlen, alleine wirst du sie nicht verwirklichen können. In der Gruppe der Vertrauensleute, die sich nach und nach gebildet hatte, ging es genau darum: Wenn ich Forderungen vorbrachte, wussten alle, dass diese nicht nur von mir kamen, sondern von der gesamten

Gruppe, die ich vertrat. Und auch den ›Bossen‹ war klar, dass es nicht um die Forderungen einer Einzelperson ging, sondern dass hinter dieser Einzelperson eine Menge Leute standen, die sofort mobilisiert werden konnten, und es deshalb besser war, darauf einzugehen.

In den 1960er-Jahren war die IG Metall die erste Gewerkschaft, die Ausländern die Möglichkeit einräumte, sich zu organisieren. Die Parteien brauchten länger, um ihnen ihre Türen zu öffnen.[20] Vorreiter war hier die SPD. Sobald es möglich war, bin ich ihr beigetreten, und noch heute bin ich SPD- und IG-Metall-Mitglied. In derselben Weise fühle ich ein starkes Zugehörigkeitsgefühl zu dem Unternehmen, bei dem ich mehr als dreißig Jahre gearbeitet habe, und verteidige VW gegenüber der heftigen Kritik, die es in jüngster Zeit gab, denn im Guten wie im Bösen hat das Unternehmen Tausenden Menschen Arbeit gegeben, die in Italien keinerlei Beschäftigungsaussicht hatten. Ich sage das in voller Überzeugung, denn trotz des allen bekannten Skandals[21] darf man nicht das gesamte Unternehmen verurteilen. Natürlich muss man die Schuldigen bestrafen, um zu verhindern, dass sich solche Sachen wiederholen, aber es wäre ungerecht, ein Unternehmen zu zerstören und zu beerdigen, das für das Leben zehntausender Menschen so viel bedeutete und noch immer bedeutet.

Wenn die Gewerkschaft und VW mir einerseits so viel gegeben haben, so kann ich andererseits sagen, dass ich versucht habe, das, was ich bekommen habe, zurückzugeben. Ohne Gewerkschaft und ohne VW hätte ich niemals die Möglichkeit gehabt, mich persönlich weiterzuentwickeln, und hätte auch nicht so vielen tausend Arbeitnehmern helfen können. Ich habe immer getan, was ich konnte, um die Rechte der Arbeiter zu verteidigen, und dabei alle Möglichkeiten genutzt, um für die Probleme der Arbeitnehmer, mit denen sie zu mir kamen, zufriedenstellende Lösungen zu finden.

Es gab einen Arbeiter, der mich *Sette di denari*[22] nannte. Ich bat ihn immer gutmütig darum, damit aufzuhören, aber er meinte: »Nein, du bist die schöne Sieben, denn wer das Glück hat, mit dir in Kontakt zu kommen, hat im Spiel des Lebens die entscheidende Karte zum Sieg in der Hand.« Die Wahrheit ist, dass ich kämpfte. Oft gewann ich, manchmal verlor ich aber auch. Ich hatte mein Leben der Gewerkschaft und der Fabrik verschrieben, und das halte ich auch heute noch so, wenn ich zum Beispiel gebeten werde, bei Kongressen oder Konferenzen zu sprechen, komme ich dem gern nach. Die Gewerkschaft hat mir gezeigt, dass sich die Dinge ändern, wenn man vereint handelt, aber auch, wenn die Einzelnen ein unabhängiges Urteil und mutigen Unternehmungsgeist besitzen. Deshalb hege ich die Überzeugung, dass es möglich ist, jegliches Problem in der Welt zu lösen: Man braucht dazu nur den Willen aller. Und zu jener Zeit gab es den Willen sowohl von Seiten der Gewerkschaft, die uns als Erste die Tür geöffnet hat, als auch von Seiten der Fabrik, auch wenn diese ein klares Profitinteresse hatte und hat, das nicht mit dem der Arbeitnehmer übereingeht. Jedoch kann ich aufgrund meiner Erfahrungen sagen, dass VW die Arbeiter immer als Partner des Unternehmens gesehen hat, und nicht einfach als Arbeitskraft zur Ausbeutung. Wenn wir als Arbeitnehmervertreter dem Unternehmen Forderungen vorgetragen haben, sind wir immer angehört worden, und stets haben wir im Rahmen der Mitbestimmung gemeinsam eine für alle Seiten günstige Lösung gesucht und häufig auch gefunden.

Mit der Zeit verstand auch die Stadt Wolfsburg die Notwendigkeit zur Zusammenarbeit, um die Probleme zu lösen, die die Fabrik betrafen, denn Stadt und Fabrik stehen seit jeher in einer engen Wechselbeziehung miteinander. Zu Beginn war die Stadtverwaltung nicht sehr aufgeschlossen für die Schwierigkeiten, auf die die ausländischen Arbeitnehmer bei ihrem Versuch, sich in die Stadt zu integrieren, trafen, und das, obwohl in den 1960er- und 1970er-Jahren wie bereits erwähnt der Wolfsburger Oberbürgermeister Hugo Bork gleichzeitig auch der Betriebsratsvorsitzende von VW war. Niemand rechnete damit, dass die Italiener bleiben würden, alle gingen von einem temporären Aufenthalt aus, sodass die kommunalen Behörden es nicht für notwendig hielten, entsprechende Strukturen aufzubauen. Passiert ist aber genau das Gegenteil. Ich möchte noch einmal die Situation schildern. Die meisten, die nach Deutschland gekommen waren, hatten ihre Familie in Italien zurückgelassen. Sie fühlten sich einsam, hatten starkes Heimweh, ihnen fehlten ihre Verwandten und Freunde. Deshalb suchten sie Wohnmöglichkeiten, um ihre Familien nachholen zu können, aber in der Regel fanden sie diese nicht und gingen deshalb nach Italien zurück.[23]

Wir verstanden, dass dies ein Problem war, das gelöst werden musste, denn es war eine der Ursachen für ein ständiges Kommen und Gehen. Die Fabrik brauchte hingegen festes Personal. So wurden wir tätig, um den italienischen Arbeitnehmern nach und nach konkrete Integrationsmöglichkeiten zu verschaffen. Da Wolfsburg eine sehr junge Stadt ist, passierte hier nicht das, was in anderen, älteren Städten geschah, nämlich der allmähliche Wegzug der Deutschen aus den alten Wohnungen in neue, komfortablere und die damit verbundene Bildung von ›Emigrantenghettos‹ in den verlassenen Wohnvierteln. In Frankfurt, Köln, Berlin haben sich dann solche vernachlässigten, vor allem von Türken bewohnten Viertel herausgebildet. In Wolfsburg hingegen waren die Wohnhäuser neu, und da der Wohnungsbau zum Teil von der Stadt, zum Teil von VW finanziert wurde, hatten beide Partner Mitspracherecht und beschlossen, ein System zur Wohnungsvergabe einzuführen, für das man sich auf einer Warteliste anmelden musste. Ich fragte nach, ob die Italiener nach ihrem Anteil, den sie an der Gesamtzahl der Arbeitnehmer hatten, mit einbezogen werden könnten. Am Ende wurde beschlossen, wie ich schon ausgeführt habe, dass in jedem Wohnhaus mit acht Familien eine davon eine italienische sein sollte, um keine Ghettos zu bilden und nach und nach auch den Italienern die Möglichkeit zu geben, eine Wohnung zu bekommen. Auf diese Weise gelang es einigen Italienern, ihre Familie nach Deutschland zu holen, und Wolfsburg ist im Lauf der Zeit zu einer Stadt geworden, in der die Integration der Ausländer beispielhaft funktioniert, wenn auch nicht perfekt: Austausch, Freundschaft, Kontakt zu den Deutschen sind durch dieses System stark angeregt worden und werden es immer noch.

Nicht alle hatten jedoch die Gelegenheit, ihre Familien nach Deutschland zu holen. Viele blieben von ihnen getrennt und konnten sie und die Freunde nur in den Sommerferien oder während des Weihnachtsurlaubs sehen. Die Trauer des Emigranten darüber ist eine höchste

Form des Leids, sie macht ihm die Tatsache, im Arbeitsexil zu sein, noch bitterer. So kann ich niemals den Schmerz von Amedeo vergessen, der aus der Gegend von Ancona stammte. Wie viele andere war er voller Hoffnung nach Deutschland gekommen, um Geld zu sparen für das Leben, von dem er träumte, nämlich sich eines Tages mit einem eigenen Geschäft in Italien selbständig zu machen. Er war ein unermüdlicher Arbeiter. Zunächst hatte er bei einem Bauern in Jembke gearbeitet, um dann zu der Baufirma zu wechseln, bei der auch ich angestellt war. Dort blieb er viel länger als ich, bis es ihm endlich gelang, bei VW eingestellt zu werden. Eines Tages erzählte er mir mit Tränen in den Augen von dem wichtigen Abschnitt, den er nicht mitbekommen hatte: die Zeit, in der seine Tochter erwachsen geworden war. Er weinte wie ein kleines Kind. Ich sah einen verbitterten, gebrochenen, zerstörten Mann. Und das Leben hörte nicht auf, ihm zuzusetzen. Mit seinen Ersparnissen aus Deutschland kehrte er nach Italien zurück und eröffnete dort ein Schuhgeschäft, das jedoch nicht florierte. Schließlich zerbrach seine Familie, wie so häufig hatten die Bindungen der Entfernung nicht widerstanden. Noch in Deutschland hatte er eine Frau kennengelernt und verließ für diese seine Ehefrau, die eine der sogenannten ›weißen Witwen‹[24] gewesen war. Dann starb Amedeo vor der Zeit, ohne seinen Lebenstraum verwirklicht zu haben. Das sind die vergifteten Früchte der Emigration: zerstörte Familien, der Verlust der eigenen Identität und der Verzicht auf den Traum von der Selbstverwirklichung.

Für die Sommerferien und während der Weihnachtszeit organisierten wir Sonderzüge[25], die die Arbeiter in ihr Heimatland brachten. Jedoch blieben weiterhin viele von denen, die ihre Familie nicht dabeihatten, zu beiden Zeiten aus verschiedenen Gründen in Deutschland, vor allem zu Weihnachten. Jedes Jahr ging ich zum Bahnhof, um meine abfahrenden Landsleute zu verabschieden, und wenn sie zurückkamen, war ich da, sie zu empfangen. Das war kein Arbeitsauftrag, aber ich hatte das Gefühl, dass es gut war, das zu tun. Dabei bemerkte ich, dass nach der Abfahrt des Zuges jene, die zurückblieben, traurig waren, so als ob sie sich verlassen fühlten. Also kam mir die Idee, eine

Weihnachtsfeier zu organisieren. Ich erzählte dem Betriebsratsvorstand und dem Personalbüro davon, die die Idee sofort guthießen. Das Motto war: »Wir arbeiten zusammen, wir leben zusammen, wir feiern zusammen. Weihnachtsfeier für Deutsche und Italiener«, und inzwischen ist sie eine Tradition geworden. Als ich 1993 in Rente ging, fand sie zum 13. Mal statt, 2020 hatte sie ihr vierzigjähriges Jubiläum.

Von Beginn an waren diese Weihnachtsfeiern ein großer Erfolg und übertrafen all unsere Erwartungen. Beim ersten Mal war der Congress Park in Wolfsburg, wo sie stattfand, so überfüllt, dass viele keinen Platz mehr fanden. Es waren mehr als dreitausend Personen, davon mehr als tausend Kinder. Der Eintritt war – und ist – frei, und das Programm vielfältig: Es wurde ein *presepe* aufgebaut, die traditionelle italienische Krippe, und es gab Gespräche, Musik, Gesang. Am Eingang standen vier als Weihnachtsmänner verkleidete Vertrauensleute (in späteren Jahren habe auch ich mir einige Male den roten Anzug und den weißen Bart angezogen), die Süßigkeiten verteilten. Die größte Überraschung war für mich etwas, worüber ich heute noch glücklich und stolz bin, dass nämlich die Zahl der Deutschen ungefähr der der Italiener entsprach. Mir gefällt der Gedanke, dass auch diese Kulturkontakte dazu beigetragen haben, der Integration den Weg zu bereiten. Die Feier ist heute noch ein Riesenerfolg und glücklicherweise pflegen meine Nachfolger diese Tradition in der besten Weise weiter.

Zwei Jahre nach der ersten Feier nahmen wir Kontakt zur Stadtverwaltung Wolfsburg und zur dortigen italienischen Konsularagentur auf, um zu fragen, ob sie interessiert daran seien, bei der Organisation mitzumachen. Die Stadt sprachen wir an, weil wir davon ausgingen, dass es ihre Aufgabe sei, sich um ihre Bürger zu kümmern – auch wenn es sich um ›Erholung‹ handelte. Zudem benötigten wir für die Feiern Unterstützung, um die Kosten zu stemmen, die solche Ereignisse mit sich bringen. Die Gelder, die uns zur Verfügung standen, waren nicht gerade üppig, und so dachten wir, dass die finanziellen Lasten besser zu tragen wären, wenn sie auf mehrere Schultern verteilt würden. Unser Ersuchen trug bei beiden Früchte, und seither gehören neben dem Betriebsrat von VW die Stadt Wolfsburg und die italienische Konsularagentur zu den Ausrichtern der Feier. Da Letztere nicht über eigene finanzielle Mittel verfügt, nahm sie von Anfang an Kontakt mit der Firma auf, die noch heute die Süßigkeiten bereitstellt, die am Eingang verteilt werden. So liefert die Weihnachtsfeier ein weiteres schönes Beispiel dafür, wie dank der Bereitschaft aller Beteiligten zur Zusammenarbeit ein Ziel erreicht werden kann. Ist diese Voraussetzung jedoch nicht gegeben, passiert auch nichts.

Ein weiterer Fall einer Errungenschaft durch Kooperation ist die Konsularagentur selbst: Sie wurde nur deshalb in Wolfsburg eingerichtet, weil es einerseits den Anstoß dazu von uns Emigranten gab und andererseits den guten Willen eines der vielen italienischen Politiker, die uns besuchen kamen, Bruno Corti, damals (1974) Staatssekretär des Ministers für Arbeit und soziale Fürsorge. Er hörte uns zu, versprach die Einrichtung und hielt sein Versprechen. Seinem persönlichen Engagement ist die Eröffnung einer für die große Gemeinschaft der Italiener in Wolfsburg so wichtigen Institution zu verdanken.

Die 1965 gegebene Möglichkeit, in den Betriebsrat gewählt zu werden, als das Betriebsverfassungsgesetz noch nicht ausdrücklich vorsah, dass ein Ausländer kandidieren konnte, reiht sich hier ebenfalls ein.

Auch bei den Sozialwahlen hatten wir Ausländer die Möglichkeit zu wählen, aber nicht die, gewählt zu werden. 1986 reichte die IG Metall eine Klage ein, wodurch es zu einem Musterprozess kam: Die Forderung war, dass auch Ausländern das Recht zugestanden werden sollte, sich zur Wahl zu stellen. Ich wurde als Nebenkläger ausgewählt. Die Sache war langwierig und mühselig. Am Anfang wurde die Forderung dem Wahlausschuss der Volkswagen-Betriebskrankenkasse vorgelegt und abgewiesen. Also wurde der Bundeswahlausschuss angerufen. Wir fuhren nach Bonn, wo der Ausschuss seinen Sitz hatte, und ich erklärte den Richtern die Motive für diese Forderung, aber auch in diesem Fall war der Ausgang negativ. Letztendlich wurde eine Beschwerde beim Petitionsausschuss des Arbeitsministeriums eingelegt, der die Forderung annahm, woraufhin das Gesetz über die Sozialwahlen geändert wurde. So wurde meine Kandidatur bestätigt und von da an wurde ich in jeder Sozialwahl bis zu meiner Pensionierung immer wieder vorgeschlagen und auch gewählt. Dies alles war möglich, weil ich eine Gewerkschaft im Rücken hatte, die mich unterstützte: Ich stand nicht als Einzelperson vor den Richtern, sondern vertrat die mehr als zwei Millionen IG-Metall-Mitglieder. Politisch hatte man verstanden, dass es nun angeraten war, uns dieses Recht zuzugestehen. Anderenfalls wären Spannungen genährt worden, die früher oder später in offenen Protest hätten umschlagen können. Die Obrigkeiten wissen, wenn sie nicht auf weit in der Gesellschaft verbreitete Forderungen eingehen, dann wird sich organisiert, demonstriert, zu streiken begonnen.

Um die verschlungenen Wege zu rekonstruieren, die zur Erringung des passiven Wahlrechts bei den Sozialwahlen geführt haben, habe ich versucht, mir das rechtskräftige Urteil zu verschaffen, mit dem diese Angelegenheit zu ihrem Abschluss kam. Dabei fand ich heraus, dass nur die IG Metall als Hauptkläger in diesem Prozess das Recht hat, von der zuständigen Gerichtsinstanz eine Abschrift des Urteils zu verlangen, während mir dies als Nebenkläger nicht zusteht. Deshalb rief ich verschiedene Male bei der IG Metall, deren Mitglied ich schließlich war, an und erklärte, was ich wollte. Mir wurde versprochen, sich darum zu kümmern, aber tatsächlich ist mir das Urteil niemals ausgehändigt worden. Daraufhin schrieb ich der Gewerkschaft einen Brief, aber auch in diesem Fall war das Ergebnis gleich null. Aus Verärgerung drohte ich dann damit, mich an die Presse zu wenden. Am Ende wurde ich zu einem Gespräch eingeladen, aber geändert hat sich nichts: Es schien unmöglich, das zu bekommen, was ich wollte. Ich fragte mich, ob es sich nur um Desinteresse, oder sogar Nachlässigkeit handelte oder ob etwas anderes dahintersteckte. Vielleicht hatten das Zögern und die Zurückhaltung damit zu tun, dass das Urteil etwas zu einem möglichen Kompromiss zwischen DGB und IG Metall auf der einen und dem Arbeitgeberverband auf der anderen Seite enthüllen könnte? Es handelte sich ja um einen Musterprozess, und alle Beteiligten wollten etwas gewinnen, oder zumindest wollte niemand etwas verlieren. Ich bekam das Gefühl, den sprichwörtlichen Kampf gegen Windmühlen zu führen, aber da ich nicht vorhatte, klein beizugeben, ließ ich nicht locker. Meine drängenden Nachfragen brachten die IG Metall dazu, das Arbeitsministerium direkt zu kontaktieren, am Ende traf von diesem eine höfliche und aufschlussreiche Antwort ein. Darin stand unter anderem, »(...) dass zu einer Petition von Ihnen, geehrter Herr Annese, im Ministerium keine Unterlagen mehr vorliegen«. Zwischen den Zeilen lässt sich die Schlussfolgerung herauslesen, die 1986 erreichte Möglichkeit zur Direktwahl von Ausländern bei den Sozialwahlen wurde nicht durch eine gesetzliche Änderung ermöglicht, sondern durch ein außerordentliches Zugeständnis vonseiten des Arbeitsministers, der dem wiederholten Antrag der IG Metall zur Anerkennung dieses Rechts für eine einzige Person stattgab, nämlich für mich. Es scheint also eine informelle Übereinkunft zwischen Gewerkschaft und Minister gewesen zu sein, die faktisch keine Spuren hinterlassen hat, als sie im Vorgriff auf die gesetzliche Regelung zum passiven Wahlrecht von Ausländern, die schließlich 1992 erfolgte, vereinbart wurde. Wenn das so stimmt, dann wäre das für mich der dritte Fall, bei dem ein Recht ›gegen‹ das Gesetz durchgesetzt wurde: zunächst einmal erster italienischer Arbeiter bei VW, dann erstes ausländisches Betriebsratsmitglied in Deutschland, schließlich erster Ausländer, der bei den Sozialwahlen kandidierte. All dies waren Kompromisse mit der Gesetzeslage – die allerdings jeweils kurz davorstand, geändert zu werden –, um Rechte zu erlangen.

Forderungen bringen immer Engagement, Kampf, Konsequenzen mit sich. So auch die damals erhobene nach einer Einstellungsquote für Italiener. Zu Beginn der 1960er-Jahre hatte VW massenhaft Arbeitskräfte benötigt und deshalb zahlreich neu eingestellt. Als in den darauffolgenden Jahren die Nachfrage nach Arbeitskräften zurückging, nahmen die Neueinstellungen ab, bis sie gänzlich unregelmäßig wurden: in einigen Monaten ein paar Dutzend, in anderen gar keine. Ich verlangte damals, bevor die Vereinbarungen unterzeichnet wurden, zuverlässig darüber informiert zu werden, wie viele der monatlich eingestellten Personen Italiener sein würden, denn diejenigen, die nach Deutschland kamen, brachten oftmals Kinder, Nichten, Neffen, andere Verwandte mit, in der Hoffnung, dass auch diese eine Anstellung bekämen, und deshalb musste in den Vereinbarungen ein bestimmter Prozentsatz an Italienern berücksichtigt werden.

Von großer Wichtigkeit waren auch die Forderungen nach dem Schutz von Frauenrechten. Zu Beginn sahen die Unternehmensregeln vor, dass verheiratete Frauen nicht eingestellt werden durften. Als Begründung wurde angegeben, pro Familie sei ein Verdienst ausreichend, und man müsse denjenigen eine Arbeitsmöglichkeit geben, die keine andere Einnahmequelle hätten. Das war im Prinzip richtig, aber nur bis zu einem bestimmten Punkt. Denn wenn der Mann arbeitslos war, aus welchem Grund sollte man nicht der Frau die Möglichkeit zu arbeiten zugestehen? Die Wahrheit lag ganz woanders: Frauen, so wurde gesagt, würden bei der Arbeit nicht so viel leisten wie ein Mann, sie würden häufiger fehlen, aus verschiedenen Gründen, und das sei ganz natürlich. Offensichtlich waren unter dem Gesichtspunkt der Maximierung der Unternehmenseffizienz solche ›weiblichen Eigenschaften‹ ein Hindernis. Aber diese Gründe wurden niemals ausdrücklich genannt. Oftmals wurde der niedrige Anteil von Frauen bei den Einstellungen mit dem Vorwand begründet, dass die meisten Arbeitsplätze »nicht für Frauen geeignet« seien – also war unsere Forderung damals, Arbeitsplätze zu schaffen, die es wären. Als es dann zur vermehrten Einstellung deutscher Frauen kam, haben wir dafür gekämpft, dass auch italienische Frauen in der Fabrik arbeiten konnten. Natürlich ist es aus politischer Sicht immer ein großes Risiko, Emigranten diese Rechte zu gewähren. Tatsächlich gab es vereinzelt Proteste in Deutschland, insbesondere von der extremen Rechten, und es kursierten Slogans gegen die Einstellung von Italienerinnen und Italienern, etwa, dass sie den Deutschen die Arbeitsplätze wegnehmen würden. Tatsache ist, dass jeder die Dinge aus dem Blickwinkel seiner eigenen Interessen betrachtet. Für Politiker und Unternehmen ist es günstiger, diejenigen einzustellen, die das Wahlrecht besitzen, anstatt Ausländer, die es nicht haben, denn am Ende erhalten sie von jenen ja die Stimmen. Aber auch in diesem Fall forderten wir mehr Gerechtigkeit und übten mit einigen Ausgaben unseres Informationsblatts *Il nostro lavoro*, in denen die Einstellung von Italienerinnen gefordert wurde, Druck aus. Letztendlich erreichten wir, dass im Verhältnis zur Gesamtzahl ein bestimmter Anteil italienischer Frauen eingestellt wurde.

Für das Wahlrecht bei den Kommunalwahlen organisierten wir ebenfalls viele Aktionen. Zunächst begannen wir ziemlich früh damit, auf Parteiversammlungen der SPD das Wahlrecht für Ausländer einzufordern. Die Antworten waren immer vage und darauf ausgerichtet, die Entscheidung nach hinten zu verschieben. Es gab Zusagen, das Thema im niedersächsischen Landtag zu erörtern, aber konkrete Maßnahmen wurden nicht ergriffen. 1986 standen wieder Kommunalwahlen an, und weil sich bis dahin noch nichts bewegt hatte, organisierten wir von der Gewerkschaft ›symbolische‹ Wahlen in Kästorf, dem Stadtteil von Wolfsburg, in dem VW neue Wohnungen für die Italiener bauen ließ, sowie in der Arche, einer evangelisch-lutherischen Einrichtung in der Stadt. Am Wahltag, dem 5. Oktober, gingen wir wählen, nachdem wir Wahlzettel vorbereitet hatten, auf denen Kandidaten und Parteien mit Fantasienamen standen, um zu zeigen, dass wir mit keiner politischen Ausrichtung besonders sympathisierten. Die Deutschen gingen zur Wahl in ihre Wahllokale, und die Italiener wählten in ihren symbolischen Wahllokalen auf ›Wahlscheinen‹ mit ausgedachten Namen. Die Wahlbeteiligung der Italiener betrug 90 Prozent, was zeigt, dass sie willens und in der Lage waren zu wählen. Alle Unterlagen, die diese ›demonstrativen‹ Wahlen betrafen, wurden an den Landtag geschickt, quasi als Aufforderung, die Möglichkeit zur Gesetzesreform in Betracht zu ziehen.

Das Ergebnis war, dass in der nachfolgenden Legislaturperiode Ausländern das Wahlrecht zugestanden wurde: Seit dieser Zeit können sie in Niedersachsen auf kommunaler Ebene wählen und gewählt werden, auch wenn sie keine deutschen Staatsbürger sind. Ich zum Beispiel kann wählen und als Gemeinderatsmitglied gewählt werden – was ich in Bokensdorf zwei Wahlperioden lang war. Im Moment ist dies alles auf die kommunale Ebene begrenzt. Ich bin jedoch überzeugt, dass man auch für den Landtag einiges erreichen kann, wenn die Zeit dafür reif ist. Wenn allerdings diejenigen, die ein Recht einfordern, die dafür demonstrieren und kämpfen, von niemandem unterstützt werden,

An einem Informationsstand zu den symbolischen Wahlen am 5. Oktober 1986, mit denen die Forderung nach dem kommunalen Wahlrecht untermauert wurde.

und eine Organisation fehlt, die in der Lage ist, Millionen von Menschen zu mobilisieren, dann wird sich nichts ändern. Zurzeit scheint es so, dass es weder Parteien gibt, die an weitergehenden Öffnungen interessiert sind, noch ausländische Arbeitnehmer, die in einer Partei und in der Kommunalverwaltung aktiv sind und von da aus fordern, auch in den Landtag gewählt zu werden. Es gibt jedoch Ausländer und Nachkommen von Ausländern, die die deutsche Staatsbürgerschaft angenommen haben und inzwischen in der Politik aktiv sind. Mit ihnen lassen sich vielleicht Veränderungen erreichen.

Ich will nicht leugnen, dass bei diesen Widerständen auch das Bild, das die Deutschen lange Zeit von den Italienern gehabt haben, eine nicht zu unterschätzende Rolle gespielt hat: arbeitsame Menschen, fleißig, opferbereit, in der Freizeit manchmal ein bisschen laut und ungestüm, aber vor allem in der Regel kaum ausgebildet und mit einer nur geringen Schulbildung. Unsere Generation hat eine kritische Beschäftigungssituation erlebt, insofern uns keine Möglichkeit zugestanden wurde, Arbeitsplätze mit besserer, weniger schwerer und höher bezahlter Arbeit zu besetzen. Ich sage jedoch ganz ehrlich, dass das nicht möglich war, denn es fehlten die Fähigkeiten und die entsprechende Ausbildung, um diese Forderungen in berechtigter Weise vorzubringen. Wie kann man verlangen, in einer Fabrik den Arbeitsplatz eines Vorarbeiters einzunehmen, wenn man noch nicht einmal einen Grundschulabschluss hat, wenn man nicht einmal richtig Italienisch sprechen kann? Das ist unmöglich. Viele protestierten und wiesen darauf hin, dass dem deutschen Bauern, sobald er in der Fabrik angestellt war, die Möglichkeit gegeben wurde, Vorarbeiter zu werden. Das stimmt, aber der deutsche Bauer konnte zumindest lesen und schreiben und sprach Deutsch, nicht nur Dialekt. Aber auch wenn man Deutsch gelernt hat, einschließlich der speziellen Fachbegriffe, und Vorarbeiter werden will, muss einem klar sein, dass es dann nicht mehr um die einzelnen Teile geht, die transportiert oder bearbeitet werden müssen, dass es nicht mehr allein um mechanische Arbeitsabläufe geht: Stattdessen muss man wissen, wie man die einzelnen Teile in eine Ordnung bringt, man muss in der Lage sein, Probleme zu verstehen und zu lösen, man muss organisieren können, alles Abläufe, die außer Erfahrung auch Fachwissen und Ausbildung erfordern.

Mir wurde klar, dass es Forderungen gab, die nicht erfüllt werden konnten, dass man nicht erwarten konnte, mit etwas, wozu man nicht in der Lage ist, beauftragt und dafür entsprechend entlohnt zu werden. Der Großteil der italienischen Arbeitnehmer in Deutschland kam aus Apulien, Sizilien, Sardinien, alles gutwillige, opferbereite Menschen mit dem Wunsch, zu arbeiten, aber sie waren nicht ausgebildet. Später besuchten die Kinder derer, die geblieben sind, zwar deutsche Schulen, aber eine ganze Reihe hatte keine besonders guten Noten, was häufig daran lag, dass ihre Eltern ihnen bei den Hausaufgaben nicht helfen konnten, weil sie selbst nicht über die notwendigen Kenntnisse verfügten. Die deutschen Schüler hingegen wurden in der Regel von ihren Eltern unterstützt, die eine reguläre Schulbildung und in den meisten Fällen einen Abschluss hatten.

Angesichts dieser Situation, bei der das Risiko bestand, dass ein weiteres Mal die Emigranten und ihre Kinder benachteiligt würden, engagierten wir uns dafür, dass die italienischen genau wie die deutschen Jugendlichen die Möglichkeit erhalten sollten, eine Lehre zu machen. Wichtig war, dass sie angesichts der Schwierigkeiten in der Schule einen Beruf erlernen konnten, der eher praktisch als theoretisch ausgerichtet war. Zum Beispiel ging es darum, statt einer Büroausbildung eher den Beruf des Maschinenschlossers zu wählen. Im Lauf der Zeit und mit dem Aufkommen neuer Technologien wurde dieses Verfahren schrittweise abgeschafft: Traditionelle manuelle Fähigkeiten sind in den Produktionsbereichen der digitalisierten und robotisierten Unternehmen nicht mehr erforderlich. Heutzutage ist die Arbeit entmaterialisiert. Bei VW finden die Bewerbungen und die Beurteilungen der Kompetenzen inzwischen über das Internet statt. In jüngster Zeit ist es vielen jungen Italienern gelungen, sich an diese neue Arbeitswelt, die immer speziellere berufliche Fähigkeiten erfordert, anzupassen, zum Beispiel durch ein Ingenieurstudium, und auf diese Weise Karriere zu machen. Aber zu jener Zeit, unter Bedingungen, in denen eine Berufsbezeichnung zählte, verlangten wir, dass auch diesen ›Emigranten der zweiten Generation‹ mit Schulschwierigkeiten die Möglichkeit zur Berufsausbildung geboten wurde, selbst wenn sie hinterher nicht für den speziell erlernten Beruf eingestellt würden. Tatsächlich begannen in der Regel alle in der Produktion zu arbeiten. Der Ablauf war so: die ersten sechs Monate in der Produktion, danach wurde eine Beschäftigungsmöglichkeit im erlernten Beruf geprüft. Ich bin überzeugt, dass das gut so war, denn es machte einem klar, was es hieß, Geld zu verdienen, und man bekam eine Ahnung von den harten Arbeitsbedingungen in der Produktion. Heute liegen die Dinge anders: Die Berufsbezeichnung Maschinenschlosser existiert nicht mehr, denn die Maschinen werden von anderen Maschinen gebaut und repariert. Aber was sich nicht geändert hat, ist der Wert einer Ausbildung, eines Studiums, einer Kultur, und heute sind Spezialisierungen und hochwertige Qualifikationen unentbehrlicher denn je, um seinen Platz in einem immer mehr durch Selektion geprägten und bestimmten Arbeitsmarkt zu finden.

Eine der Kundgebungen, die wir Anfang der 1980er-Jahre gegen Diskriminierung und Rassismus organisierten. Diese fand während einer Betriebsversammlung statt, an der 15.000 Arbeitnehmer teilnahmen.

Meine Tätigkeit bestand nicht nur darin, Arbeitnehmerrechte zu verteidigen, sondern es ging auch darum, gegen Ungerechtigkeiten zu kämpfen, unter denen Ausländer zu leiden hatten. Ich habe schon das von Misstrauen und subtiler Feindseligkeit geprägte Verhalten einiger Deutscher denen gegenüber, die aus einem anderen Land kamen, geschildert. Wir von der Gewerkschaft haben immer versucht, die Fabrik frei von Rassisten zu halten. Ich habe mich in all den Jahren ständig mit aller Kraft am Kampf gegen Fremdenfeindlichkeit und allem, was damit einherging und einhergeht, beteiligt und alles getan, diesem Übel zu begegnen.

Wenn ich in der Fabrik ein bisschen Zeit übrig hatte, drehte ich meine Runden und inspizierte dabei jeden Winkel: die Umkleideräume, verschwiegene Ecken, und vor allem die Toiletten, denn dort fand und findet man immer entsprechende Anzeichen. Wenn ich zum Beispiel einen beleidigenden Spruch gegen Ausländer entdeckte, ging ich zum Personalbüro und bat, diesen entfernen zu lassen. Gleichzeitig forderte ich mit meinen Kollegen die Vorgesetzten auf, uns bei der Identifizierung der Verantwortlichen aufmerksam zu unterstützen, denn wenn man sich bemüht, sind die Unruhestifter schnell ausgemacht. Gemeinsam mit meinen deutschen Kollegen verlangte ich, jeden, der auf frischer Tat ertappt würde, konsequent und zur Abschreckung dienend zu bestrafen. Vom Unternehmen erhielt ich die Zusage dafür. Einige wurden tatsächlich aufgespürt, und insbesondere zwei von diesen wurden, nachdem ihnen ein Prozess gemacht wurde, auf der Stelle entlassen, denn die Arbeitsvorschriften verboten solche Handlungen kategorisch. Wenn man solche Sachen ›schleifen‹ lässt, kümmert sich irgendwann niemand mehr darum, und die Fälle von Intoleranz und Rassismus nehmen zu. Man muss allerdings auch sagen, dass es im Vergleich zu draußen in der Fabrik nur sehr wenige Fälle gab, die aber alle mit größter Strenge bestraft wurden. Die Fälle, bei denen die Entlassung drohte, wurden vom Personalausschuss, dem ich angehörte, geprüft. Der Personalausschuss war einer der Unterausschüsse des Betriebsrats, der eine ganz bestimmte Struktur hatte: Es gab die Geschäftsführung – den sogenannten Betriebsausschuss –, den Vorsitzenden, den stellvertretenden Vorsitzenden, den Schatzmeister und schließlich eben die Unterausschüsse.

Wie ich schon ausgeführt habe, existiert der Betriebsrat auf der Grundlage des Betriebsverfassungsgesetzes, das es den Arbeitnehmern eines Unternehmens gestattet, sich eine Vertretung zu wählen. Dabei ist vorgesehen, dass im Verhältnis zur Zahl der Beschäftigten eine bestimmte Anzahl Betriebsratsmitglieder von der Arbeit freigestellt wird: je mehr Beschäftigte, umso mehr freigestellte Betriebsratsmitglieder. Bei VW sind durch die hohe Anzahl Beschäftigter alle Betriebsratsmitglieder von der Arbeit freigestellt. Aufgabe des Betriebsrats ist es, auf der Basis des Betriebsverfassungsgesetzes mit der Unternehmensleitung zusammenzuarbeiten und in allen wichtigen Fragen des Betriebs mitzubestimmen, um ein bestmöglichstes Arbeitsklima und den sozialen Frieden unter den Arbeitnehmern zu garantieren. Zu diesem Zweck bildet der Betriebsrat Unterausschüsse. Den Ausschuss für Arbeitssicherheit zum Beispiel, der sich um potenzielle Risiken am Arbeitsplatz kümmert und darum, Unfälle zu vermeiden. Oder den schon erwähnten Personalausschuss, der für Einstellungen und Disziplinarverfahren zuständig ist: Im Falle eines Beschäftigten, der die Vorschriften nicht einhält und den das Unternehmen entlassen will, muss von Gesetz wegen die Zustimmung des Personalausschusses eingeholt werden (der in jedem Fall vom gesamten Betriebsrat bevollmächtigt ist).

Nachdem ich in den Betriebsrat gewählt worden war, wurde ich Mitglied zweier Unterausschüsse: des Sozial- und des Personalausschusses. Der erste kümmerte sich um soziale Probleme (Arztkosten, Zahnarztbehandlungen, Unterstützungen beim Bau oder Kauf eines Hauses, Wohnungszuweisungen usw.), nach einem Statut, das diese Aspekte des Lebens der Arbeitnehmer regelte. Wenn zum Beispiel ein Beschäftigter ein Haus baute, dann garantierte das Unternehmen einen kleinen Kredit zu einem sehr niedrigen Zinssatz (für Summen bis 5.000 Mark waren überhaupt keine Zinsen vorgesehen). Das war ein System, das allen zugutekam: den Beschäftigten, denen beim Hausbau geholfen wurde; dem Unternehmen, das Arbeitskräfte benötigte, die in der Nähe wohnten; der Stadt, die sich ohne große Kosten in der Fläche ausbreiten konnte. Auch im Falle eines Wohnungsbrandes waren Beihilfen vorgesehen, oder bei einem Todesfall übernahm das Unternehmen einen Teil der Beerdigungskosten. Es gab es also einen Fonds, der in diesen Fällen verwendet wurde. Weiterhin prüfte der Sozialausschuss bei der Wohnungszuweisung die Anträge. Für sie wurde eine Rangfolge ausgearbeitet und entschieden, wie und an wen die Wohnungen vergeben wurden: So war es genaugenommen der Sozialausschuss, der entschieden hatte, dass von acht vergebenen Wohnungen eine für eine ausländische Familie vorzusehen war.

Die Beurteilung von Bewerbungen hingegen war Sache des Personalausschusses. Die grundsätzliche Entscheidung über die Anzahl der Neueinstellungen wurde von der Personalabteilung des Unternehmens und vom Betriebsausschuss des Betriebsrats getroffen. Nicht nur

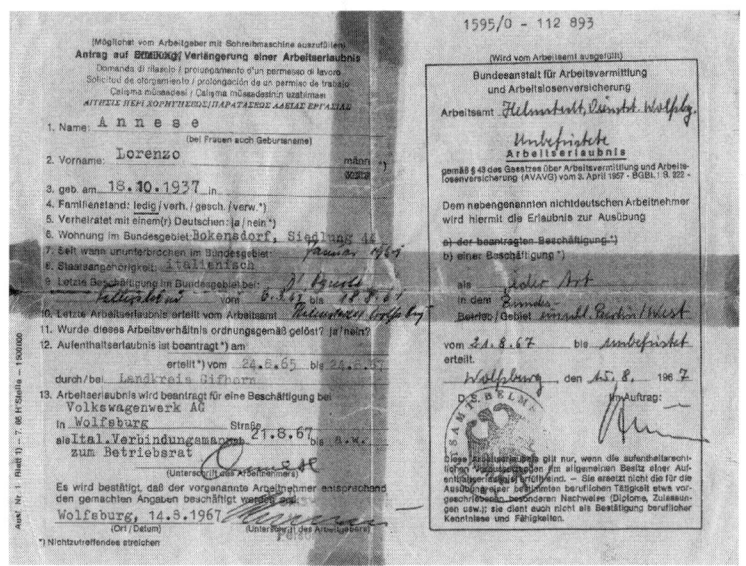

Die unbefristete Arbeitserlaubnis wurde mir schon 1967 ausgestellt. Das Wort »Unbefristete« ist von Hand hinzugefügt, denn die Entfristung einer solchen Erlaubnis war zu dem Zeitpunkt noch nicht vorgesehen. Mir wurde sie damals allerdings zugestanden.

die Zahl der Einstellungen insgesamt wurde festgelegt, sondern auch der Frauen- und der Ausländeranteil, um Protestaktionen zu verhindern, die den sozialen Frieden gestört hätten. Man kann verstehen, welch heikle Gleichgewichte in solchen Fällen sorgfältig abgewogen werden mussten. Zu den Aufgaben des Personalausschusses zählte auch die Bewertung von vorgesehenen Entlassungen, die die unterschiedlichsten Gründe haben konnten: Trunkenheit bei der Arbeit, wiederholtes Zuspätkommen, Krankschreibungen in bestimmten Zeiträumen. Dieser letzte Grund traf häufig auf italienische Arbeiterinnen und Arbeiter zu, denn viele von ihnen fuhren in den Ferien oder bei Festtagen nach Hause, und einige verlängerten dann ihre Abwesenheit durch Krankschreibungen. Das Unternehmen verlangte daraufhin detaillierte Berichte, plausible Begründungen und unanfechtbare Bescheinigungen für die verspätete Rückkehr in die Fabrik – die manchmal wie ein verlängerter Urlaub aussah. Unsere Aufgabe war es, in diesen Fällen zu vermitteln, indem wir hervorhoben, wie schwierig es für diese Arbeitnehmer war, das ganze Jahr weit weg von der Familie zu sein. In jedem Fall betonten wir, dass für uns das gültig war, was der Arzt bescheinigt hatte, und bei Bestrafungen vonseiten des Unternehmens gaben wir nie unsere Zustimmung. Wir versuchten zu retten, was zu retten war, und die Aspekte im Verhalten der italienischen Arbeitnehmer, die dem Unternehmen weniger vertretbar erschienen, im Rahmen des Möglichen herunterzuspielen.

Im Allgemeinen wog die Unternehmensleitung die Situation aufmerksam ab, um zu verstehen, was am besten zu tun wäre: In den meisten Fällen kam es nicht zur Entlassung. Im Übrigen akzeptierten wir im Ausschuss auch die Argumente der Unternehmensseite, wenn sie uns nachvollziehbar und fundiert erschienen. In diesem Zusammenhang ist zu sagen, dass es manchmal notwendig war, die Italiener zu ›kontrollieren‹, denn es war zu Auseinandersetzungen mit einigen Vertrauensleuten gekommen. Meinungsverschiedenheiten und Missverständnisse gibt es überall, und als es gelegentlich zu ›internen Gefechten‹ mit den Vertrauensleuten kam, entdeckte ich, wie schwierig die Aufgabe wurde, die Arbeitnehmer zu verteidigen, denn man musste auch die Ressentiments zwischen den Italienern mit im Blick haben, die die Gefahr mit sich brachten, dass die gemeinsame Aktion, Forderungen durchzusetzen, die allen zugutekommen, geschwächt wurde. Ich erinnere mich, dass einer der Vertrauensleute auf unlautere Weise versuchte, einen seiner Verwandten zu begünstigen, um mich aus dem Betriebsrat zu ›entfernen‹. Es handelte sich um eine interne Auseinandersetzung, die die Folge einer Art Eifersucht war. Noch heute vermag ich sie kaum zu begreifen, denn ich kann mit reinem Herzen sagen (was auch immer der Wert von Selbstzeugnissen ist), dass ich nie aus Eigennutz gehandelt habe. Seine Aktion hatte jedenfalls keinen Erfolg, zum einen weil ich rechtzeitig ahnte, welche gegnerischen Strömungen sich bildeten, aber auch weil ich Unterstützung von den Deutschen bekam, mit denen sich inzwischen ein Verhältnis gegenseitiger Wertschätzung entwickelt hatte, sowie von den anderen italienischen Vertrauensleuten, die mein Engagement und meine Arbeit im richtigen Licht sahen.

Eine andere Begebenheit zeigt, wie notwendig manchmal die richtige Spürnase war, um hinter meinem Rücken ausgeheckte Manöver zu entlarven. Dabei ging es um einen Sarden, der seit vielen Jahren Vertrauensmann war. Eines Tages erhielt er einen anonymen Anruf, dass Lorenzo Annese und zwei weitere Personen Geld annähmen, um Einstellungen im Unternehmen zu beeinflussen. Es ging also um Schmiergeld. Der Vertrauensmann beschloss, den Werkschutz anzurufen und diesem – ebenfalls anonym – mitzuteilen, was ihm gesagt worden war: »Annese und andere Mitglieder des Personalausschusses nehmen Schmiergeld.« Der Werkschutz zeigte dies dem Personalbüro an, das nun seinerseits den Vorsitzenden des Personalausschusses informierte. Der Ausschuss (dem ich ja selbst angehörte) berief eine Sitzung ein und befragte mich und die anderen beiden Beschuldigten: Das Gesetz ist für alle gleich, und richtigerweise wurde in einer Disziplinarsache, die mich betraf, keine Ausnahme gemacht. Uns Beschuldigten waren die Gründe für die Sitzung nicht bekannt. Wir wurden einer nach dem anderen getrennt befragt, ob das, was in dem anonymen Telefonat behauptet worden war, der Wahrheit entspräche. Wir verneinten natürlich. Letzten Endes brachte mich der Hinweis auf die richtige Spur, dass bei dem Telefonat außer unseren Namen auch noch der eines Sizilianers gefallen war. Sowie ich diesen hörte, hatte ich eine Erleuchtung. Ich war sicher, dass der Verantwortliche für diese ganze Angelegenheit ein Sarde war, zu dem der Sizilianer aus politischen Gründen ein sehr schlechtes Verhältnis hatte: Der Sarde war Sozialdemokrat, der Sizilianer hingegen Anhänger der Rechten. Die Situation war für mich klar: Der Sarde hatte außer mir und den anderen beiden Vorgeladenen auch seinen politischen Gegner anonym der Korruption beschuldigt, um ihm zu schaden.

Ich teilte dem Werkschutz unverzüglich den Namen dieser Person mit und schlug vor, ihn unter Kontrolle zu halten. Man rief ihn an und fragte ihn, ob er ein paar Tage zuvor in dieser Sache im Betrieb angerufen hätte – und er gab das zu! Sofort wurde er zu einer Befragung vorgeladen, in der er alles bestätigte. Ihm wurde fristlos gekündigt, denn als er aufgefordert wurde, Beweise vorzulegen, antwortete er, er könne das nicht, er habe ja selbst nur einen anonymen Anruf erhalten. Natürlich hätte er ehrlicher und mit mehr gesundem Menschenverstand handeln müssen, indem er den Erhalt eines solchen Anrufs meldete und ihn nicht zu seinem Vorteil nutzte. Er war Mitglied der SPD, und die Parteigenossen plädierten dafür, ihm eine zweite Chance zu geben, ihm zu verzeihen. In der Zwischenzeit fragten die Kollegen vom Personalausschuss uns, die zu Unrecht Beschuldigten, ob wir zum Verzeihen bereit wären. Wir verneinten, da ein solches Fehlverhalten nicht hinnehmbar war. Obwohl wir auch privat in Kontakt standen, hinderte mich ein tiefer Gerechtigkeitssinn daran, mich nachgiebig zu zeigen. Wer ihn verteidigte und dabei als Argument vorbrachte, dass er ja einen anonymen Anruf erhalten hätte, denen entgegneten wir, dass es der richtige Weg gewesen wäre, diesen zu melden und anzuzeigen. Nach ungefähr zwei Jahre begann man über seine Familie zu sprechen, über die Kinder, die unschuldig unter der Arbeitslosigkeit ihres Vaters zu leiden hätten. Letzten Endes stimmten wir zu, dass er wieder in den Betrieb zurückkehren konnte. Jedoch lässt die Katze, wie man weiß, das Mausen nicht. Wir erfuhren, dass sich seine Neigung zu Unregelmäßigkeiten, sowohl im Betrieb als auch draußen, nicht geändert hatte. Dies war ein bitteres Beispiel dafür, dass manche Menschen, wenn auch zum Glück nur wenige, die Bedeutung des Wortes Dankbarkeit nicht verstehen und sich nicht entsprechend verhalten.

Die Geschichte eines Kampfes

Die Hilfe, die den Italienern vonseiten der katholischen Kirche[26] zuteilwurde, insbesondere von der Caritas und der Missione Cattolica, war nicht nur auf die Reise beschränkt, die die Emigranten zu ihrem neuen Arbeitsort unternahmen, sondern wurde auch während seines Aufenthalts im fremden Land gewährt. In Wolfsburg wurde diese Aufgabe ab 1962 von Don Enzo Parenti wahrgenommen, der sich in der Gemeinde im sogenannten ›Italienerdorf‹, der Siedlung Berliner Brücke, nicht nur der geistlichen Bedürfnisse seiner Landsleute annahm, sondern mit der Zeit auch ein breites Angebot an Freizeitangeboten aufbaute und selbst verwaltete. Dazu gehörten Spielsäle, ein Sportstudio, in dem man boxen konnte, eine Bibliothek, eine Bar, ein Kino und vieles mehr. 1962 gehörte er zu den Gründern der Fußballmannschaft *Lupo*[27], deren Spiele schnell zu einem Treffpunkt der Italiener wurden und Gelegenheit zu ›herzhaften‹ Auseinandersetzungen (auf dem Feld und auf den Tribünen) mit den Deutschen gaben. 1964 wurde in Wolfsburg das erste *Centro Italiano* Europas, ein italienisches Kultur- und Begegnungszentrum, eröffnet und die Leitung Don Parenti anvertraut. Es erweiterte zwar das Spektrum der Freizeitaktivitäten, jedoch wandten sich diese in der Regel nur an Italiener, was der Integration nicht gerade förderlich war. Darüber hinaus gab Don Parenti das auf Italienisch erscheinende Wochenblatt *Il saluto della domenica* (Der Sonntagsgruß) heraus, das sich unter anderem durch Anzeigenverkauf finanzierte.

Für die Italiener, die traditionell den katholischen Werten verbunden sind, bildete die Präsenz der katholischen Kirche zweifellos eine wichtige Unterstützung. Zudem nahm sich Don Parenti einiger der Probleme an, die den Emigranten sehr am Herzen lagen, so zum Beispiel der Wohnsituation. Von Zeit zu Zeit suchte er Alternativen zu den Unterkünften in der Berliner Brücke und protestierte, wenn es zu Krisenzeiten unverhältnismäßig mehr Entlassungen unter den Italienern im Vergleich zu denen unter den deutschen Arbeitern gab. Jedoch erhoben sich nach einigen Jahren aus dem Chor der allgemeinen Anerkennung der Arbeit des Geistlichen Stimmen, die immer kritischere Töne anschlugen und denen zufolge seine Führung der Freizeitaktivitäten nicht ganz transparent war. Man begann über die hohen Einnahmen aus dem Kino zu reden: der Eintritt betrug zwar nur 50 Pfennig[28], doch wenn man bedenkt, dass es 500 Plätze waren, es jeden Tag eine Filmvorführung gab (am Wochenende zwei), die immer ausverkauft waren, und die Filme (die, ehrlich gesagt, häufig sehr alt waren) gratis von den italienischen Konsulaten in Hannover oder Hamburg zur Verfügung gestellt und von einem VW-Angestellten ohne Kosten zu verursachen abgeholt wurden, dann ahnt man, wie hoch der Verdienst gewesen sein muss. Mit diesem Geld wurden dann verschiedene Aktivitäten für die Italiener finanziert, wie Boxwettkämpfe, Musikwettbewerbe, Ausflüge und Wanderungen in die Umgebung. Irgendjemand streute den Verdacht, dass das Geld nicht vollständig für diese Initiativen verwendet würde, sondern dass mit einem Teil davon persönliche Ausgaben bezahlt würden, auch weil es nicht immer möglich war, die Einnahmen und die Ausgaben in der Buchhaltung klar nachzuvollziehen. Außerdem hatte Don Parenti es geschafft, einen Kontakt zu Radio Colonia[29] aufzubauen und als Korrespondent verpflichtet zu werden, was ihm eine weitere Einnahme garantierte, die sicherlich legitim war, in den Augen einiger aber nicht angemessen, angesichts der Einnahmen, die aus dem Betrieb der Freizeiteinrichtungen der Berliner Brücke kamen.

Radio Colonia sendete jeden Abend auf Italienisch und zu den unterschiedlichsten Themen. Es war die prowestliche ›Konkurrenz‹ zum kommunistischen und prosowjetischen Radio Prag, das ebenfalls bei seinen Sendungen die italienischen Hörer aufmerksam berücksichtigte. Die Anwesenheit zehntausender italienischer Gastarbeiter in Westdeutschland auf dem Höhepunkt des Kalten Krieges legte es den zwei entgegengesetzten Blöcken nahe, auch die Radiofrequenzen als Mittel der Auseinandersetzung zu nutzen: Niemand wollte die ideologische Schlacht im Äther verlieren. Als katholischer Korrespondent von Radio Colonia gab Don Parenti den Nachrichten einen bestimmten ›interpretierenden‹ Zuschnitt, der nicht immer die wahre Faktenlage widerspiegelte.

Als sich die Schatten über ihm zusammenzuziehen begannen, beschloss ich mit Bernhard Tyrakowski, dem Bevollmächtigten der IG Metall in Wolfsburg, zu sprechen und ihm mitzuteilen, was ich dachte: dass der Geistliche einen übermäßigen Einfluss ausübte, nicht nur mit seinen Beiträgen auf Radio Colonia, sondern weil er auch noch Korrespondent für den *Corriere d'Italia* war (eine katholische Wochenzeitschrift für die in Deutschland lebenden Italiener). Tyrakowski zögerte nicht, er griff sofort zum Telefon, um den Redaktionsleiter von Radio Colonia anzurufen und mit ihm einen Termin für ein Treffen auszumachen. Bei diesem Gespräch erklärte ich ihm, warum wir ihn kontaktiert hatten. Am Ende fragte er mich: »Können Sie mir denn jemanden anderes nennen?« Ich schlug ihm Antonio di Virgilio vor, der von da an Korrespondent von Radio Colonia war.

Die Gerüchte über die nicht ganz uneigennützigen Tätigkeiten von Don Parenti verdichteten sich, und die Wolfsburger Zeitungen berichteten in zahlreichen Artikeln über die Verdachtsmomente, die durch das nicht immer geradlinige Verhalten des Geistlichen hervorgerufen worden waren. Im Allgemeinen werden diese Geschehnisse in den Publikationen über die Italiener in Wolfsburg weggelassen. Ich halte sie jedoch für wichtig, um das Klima der Anspannung zu verstehen, das sich bildete, eine Anspannung, die bald zum offenen Protest gegen das Verhalten des Geistlichen führen sollte.

Die Reibungspunkte waren jedoch auch politischer Natur. Auf Initiative von Don Parenti hin wurde nämlich zu den Betriebsratswahlen 1968 eine unabhängige Liste präsentiert: die *Lista Tricolore*[30]. Einige der Unterstützungsflugblätter wurden von einem der auf der Liste stehenden Kandidaten selbst geschrieben, der ohne ein Blatt vor den Mund zu nehmen die italienischen Mitglieder des Betriebsrats der Unfähigkeit und der Inkompetenz beschuldigte. Seine These war, dass man für eine wirkungsvolle Gewerkschaftsaktion »nicht notwendigerweise im Betrieb arbeiten muss [...], aber diese eine kulturelle Bildung verlangt, die die derzeitigen italienischen Vertreter nicht haben«. Kurz und gut, wir seien »schlechte Diener der IG Metall«, da ohne einen höheren Bildungsabschluss, der seiner Meinung nach viel mehr zählte, um die alltäglichen Probleme der Arbeitnehmer zu lösen, als die direkte Erfahrung im Betrieb. Dass viele von uns regelmäßig an Lehrgängen der IG Metall teilnahmen, um unsere Gewerkschaftskenntnisse zu vertiefen, verschwieg der Autor. Stattdessen behauptete er, unsere Arbeit eindeutig falsch beschreibend: »Die aktuellen Vertreter des Betriebsrats wetten auf schlechte Organisation, um Unzufriedenheit und Unverständnis zu schaffen.« Auch bei viel gutem Willen ihr gegenüber zeichnete sich diese Behauptung durch ihre Unwahrscheinlichkeit aus. Die Liste erhielt dann auch nur etwas mehr als 900 Stimmen, und keiner ihrer Kandidaten wurde gewählt. Zum Vergleich: Die Liste der IG Metall erhielt mehr als 25.000 Stimmen, was 24 von 29 Sitzen bedeutete.

Die *Tricolore*-Liste war offen nationalistisch eingestellt und ihr einziges Ziel war es, die Italiener zu spalten. Auf den Flugblättern beschrieb sie sich selbst als ›unabhängig‹, womit unterstellt wurde, dass die IG Metall dies nicht wäre. Indirekt wurde die Gewerkschaft als linker Feind dargestellt, ein Hort revolutionärer Kommunisten, die neutralisiert werden müssten. Es war deutlich, dass hinter all dem Don Parenti stand, der hier die Fäden zog, zumal wenn man bedenkt, dass auf den ersten drei Plätzen der *Tricolore*-Liste sogenannte Hauswarte standen, Unterkunftsverantwortliche der Siedlung Berliner Brücke, die der Geistliche als sein Reich betrachtete, über das er in absoluter Weise verfügen wollte.

Der paradoxe Punkt in dieser Angelegenheit war, dass alle Kandidaten der *Tricolore*-Liste der IG Metall angehörten. So wurden sie einer nach dem anderen vom Generalsekretär der Gewerkschaft einbestellt, um ihnen zu erklären, dass das Statut der IG Metall es den Mitgliedern nicht erlaubte, auf einer anderen Liste anzutreten. Die meisten von ihnen verstanden, dass sie getäuscht worden waren, und viele, die für die Liste unterschrieben hatten, zogen ihre Unterstützung zurück. Neunzehn von ihnen beschlossen, ihre Kandidatur zurückzuziehen, die anderen wurden aus der Gewerkschaft ausgeschlossen. Unter den Letzteren war auch der Autor des Flugblatts. Bevor der Ausschluss amtlich wurde, fragte ihn die IG Metall nach einer Rechtfertigung für sein Tun. Die Antwort enthielt unter anderem die folgenden Behauptungen: »Da man die ganze bankrotte Vergangenheit unseres Vertreters Kollegen Annese und derer, die ihn aus allen Kräften verteidigten, sah und da man in der stagnierenden Ungewissheit dieser Zeit nicht fortleben wollte, blieb nichts anderes übrig, als unsere Probleme durch die Einreichung einer Liste aufzuzwingen. [...] Der Kollege Annese hat niemals versucht, unsere wahren Probleme zu lösen, aus einem einfachen Grund, nämlich weil er sie nicht kannte, und wie konnte er sie überhaupt kennen, wenn er niemals ein freimütiges Gespräch mit seinen Landsleuten gesucht hat? Der Italiener (es sind viele), der seit vier, fünf, sechs Jahren in unserem Betrieb arbeitet, ist nicht mehr der Gastarbeiter, der hier zum erstenmal im Jahre 1962 erschien, sondern er ist ein europäischer Arbeitnehmer mit europäischen Anschauungen und Ansprüchen, und er kann und soll auch nicht mehr mit diesem Blödsinn gefüttert werden, den ihm die verschiedenen Annese geschenkt haben und fortsetzen zu schenken.« Es war merkwürdig, diese letztgenannten Anschuldigungen zu lesen, vor allem angesichts der schon erwähnten Tatsache, dass wir bereits viele Jahre zuvor mit der IG Metall durch die Integration von Ausländern einen Weg eingeschlagen hatten, um Arbeit in einem weiteren europäischen und internationalen Kontext neu zu denken. Die *Tricolore*-Liste hingegen zielte auf Spaltung und einen ungesunden italienischen Nationalpatriotismus, um Zustimmung zu erhalten. Die Wahlniederlage war ein harter Schlag für Don Parenti und steigerte die Spannungen in einer Weise, dass es nur noch sehr wenig bedurfte, um eine offene Konfrontation auszulösen.

Der Tropfen, der das Fass zum Überlaufen brachte, war das, was nach dem schweren Erdbeben im Januar 1968 in Sizilien geschah. Wir Italiener wollten uns mit unseren von dieser Tragödie betroffenen Landsleuten konkret solidarisch zeigen und entschieden uns deshalb für eine Geldspende als schnelle Hilfe. Um das Geld einzusammeln, wurde ein Bankkonto eröffnet, wobei eine ordentliche Summe, die durch VW aufgerundet wurde, zusammenkam. Zudem hatten in den Wochen unmittelbar nach dem Erdbeben einige sizilianische Kollegen Verwandte aufgenommen, die bei dem Beben alles verloren hatten. Es kamen sehr viele Menschen, die in diesem schwierigen Moment alle gastfreundlich empfangen wurden, sowohl von ihren Verwandten als auch von der gesamten italienischen Gemeinschaft in Wolfsburg. Don Parenti begann, was angesichts der damaligen Beschäftigungssituation bei VW vollkommen illusorisch war, zu behaupten, dass man mehr tun könne und sollte, womit er Arbeitsmöglichkeiten für die gerade nach Wolfsburg Gekommenen meinte. Gegen jeden Realitätssinn verstieg er sich bis zu der Forderung, alle müssten bei VW eingestellt werden. Da ich Zugang zu den entsprechenden Daten besaß, erklärte ich, dass dies unmöglich sei. Die Antwort des Priesters ließ nicht lange auf sich warten: In einer Nummer der von ihm herausgegebenen Zeitung *Il saluto della domenica* behauptete er, ich hätte den vom Erdbeben Betroffenen geraten, in Italien zu bleiben und in den Zeltlagern zu leben. So begannen seine persönlichen Angriffe gegen mich, obwohl ich in der Vergangenheit auch mit ihm zusammengearbeitet und ihm zum Beispiel Interviews für Radio Colonia gegeben hatte. Ich begriff, dass der Übergang von der Zusammenarbeit zur Feindseligkeit mit der immer gefestigteren Gewerkschaftsstruktur zu tun hatte, die wir mit den bei der IG Metall eingeschriebenen Arbeitnehmern, den Vertrauensleuten und dem Betriebsrat aufbauten: Offensichtlich sah Don Parenti von dieser Struktur seine Rolle zur Diskussion gestellt, und zwar sowohl persönlich als auch als Repräsentant der katholischen Kirche, die er bis zu dieser Zeit für die Arbeiter bei VW eingenommen hatte. Seine Angriffe und seine haltlosen Anschuldigungen setzten sich fort, der Ton wurde immer greller, während gleichzeitig die Unzufriedenheit einiger Italiener mit seinem Tun immer deutlicher wurde. Eine Art Krieg hatte begonnen.[31]

Die Situation überschlug sich, als im September 1970 einige kommunistische Studenten aus Berlin, die mit deutschen Schülern aus Wolfsburg in Kontakt waren, in der VW-Stadt eine Demonstration gegen Don Parenti organisierten. Mit Parolen und Transparenten wurde der

Forderung nach Transparenz über die Einnahmen der vom Priester verwalteten Tätigkeiten Ausdruck verliehen und in unversöhnlichem Ton sogar seine Absetzung gefordert. Die Presse berichtete darüber, die Sache wurde zur öffentlichen Angelegenheit. Mit den Vertrauensleuten kamen wir überein, dass nun der Moment zum Handeln sei. Als ersten Schritt beschlossen wir, Don Parenti den Betrieb des Kinos zu entziehen, da wir davon überzeugt waren, dass man mit dessen Einnahmen wesentlich mehr für die Italiener tun könnte, als er dies bis dahin gemacht hatte. Zudem hatten Gewinnberechnungen der vom Priester verwalteten Tätigkeiten einen Fehlbetrag von vielen tausend Mark ergeben: Wo war dieses Geld hin? Die Zeitungen blieben an der Auseinandersetzung dran, wobei einige mehr dazu neigten, Don Parenti zu verteidigen, während andere hingegen unseren Standpunkt teilten. Mit den Vertrauensleuten trieb ich die Auseinandersetzung um die Verringerung seiner Handlungsmacht voran und war von der Richtigkeit unserer Beweggründe überzeugt. Aber ich unternahm nichts, um ihn aus Wolfsburg zu vertreiben, das entsprach auch nicht meinen Intentionen. Dass Don Parenti dennoch die Stadt verließ, geschah deshalb, weil er keinerlei Aufklärung darüber geben konnte, in welcher Weise der Fehlbetrag genutzt worden war, eventuell geschah sein Wegzug auch auf Druck der Kirchenleitung. Ein weiteres Mal wurde die Angelegenheit in der Presse ausgeschlachtet, was zu Spannungen zwischen denen führte, die den Priester weiterhin verteidigten, und denen, die die Uneindeutigkeit einiger seiner journalistischen Beiträge und die mangelnde Transparenz bei der Verwaltung des Gewinns aus den Freizeitaktivitäten hart kritisierten.

Letzten Endes blieb Don Parenti nichts anderes übrig als nachzugeben. Der Betriebsrat und die Unternehmensleitung von VW kamen zu dem Schluss, dass der Priester die Verwaltung der Freizeiteinrichtungen im Italienerdorf aufgeben sollte, um den Konflikt zu beenden: kein Kino, keine Kegelbahn, keine Bar, keine Spielsäle und kein Centro Italiano für Don Parenti mehr. Er blieb noch eine Weile in Wolfsburg und schleuderte weiterhin von Zeit zu Zeit Giftpfeile gegen jene, die ihm eine bittere Niederlage bereitet hatten. Dann kehrte er schließlich der

Stadt den Rücken und ging nach Frankfurt am Main, wo er Chefredakteur des *Corriere d'Italia* wurde und dem Priesterdasein abschwor: Offensichtlich war das religiöse Leben nichts für ihn. Man hörte später, dass er sogar geheiratet habe und neuerdings auch mit Bildern handele.

Die Siedlung Berliner Brücke

Nach der Absetzung des Priesters verwaltete VW unter meiner Vermittlung als italienisches Mitglied des Betriebsrats die Aktivitäten und Einnahmen der Freizeiteinrichtungen der Berliner Brücke direkt. Für das Kino zum Beispiel wurde die bisherige Praxis beibehalten, regelmäßig einen der Mitarbeiter zum Konsulat nach Hannover zu schicken, um die Filmrollen abzuholen. Darüber hinaus stellte VW von nun an auch die Filmvorführer zur Verfügung, während die Hauswarte der Wohnheime die Türkontrolle übernahmen. Das durch den Verkauf der Eintrittskarten eingenommene Geld wurde auf ein Konto eingezahlt und dafür verwendet, um Veranstaltungen für die Arbeiter zu organisieren, wie die schon beschriebene Weihnachtsfeier, aber auch Ausflüge, Besuche im KZ Bergen-Belsen, Eintritte für Formel-1-Rennen, Konzerte (unter anderem luden wir Bobby Solo und Toto Cutugno ein) und anderes mehr. Das Freizeitprogramm wurde nicht von uns Betriebsratsmitgliedern oder den Vertrauensleuten beschlossen, sondern von einer Gruppe von Italienern, die von den Bewohnern des Italienerdorfes ausgewählt wurde und als Unterkunftskomitee fungierte.

Tatsächlich haben wir sofort, nachdem Don Parenti weg war, mit den Vertrauensleuten zusammen ein Regelwerk verlangt und erhalten, auf dessen Grundlage die Italiener alle vier Jahre ein Komitee wählen konnten, ähnlich einem Stadtrat (letztendlich war die Siedlung Berliner Brücke eine Art Stadt in der Stadt), das als Sprachrohr für die Wünsche der Bewohner dienen sollte. Die Italiener sollten bei Problemen oder Klagen in Bezug auf die Unterkünfte oder bei Vorschlägen für Freizeitaktivitäten sich an die gewählten Räte wenden, die dann alles mir berichteten, woraufhin ich dann mit der Sozialabteilung des Unternehmens (nicht zu verwechseln mit dem Sozialausschuss, der ein Organ des Betriebsrats war), also mit VW, verhandelte, um herauszufinden, ob die Wünsche erfüllbar waren. Viele hielten das für ein wesentlich demokratischeres Verfahren als die offen gesagt ziemlich

Die Siedlung Berliner Brücke, in der die Italiener untergebracht waren, die bei VW arbeiteten.

paternalistische (und nicht völlig transparente) Vorgehensweise, die in der Vergangenheit zur Anwendung gekommen war, auch weil es die von den Landsleuten ausdrücklich geäußerten Bedürfnisse gebührend berücksichtigte. Nicht zuletzt deshalb wurde diese Form der Interessenvertretung bis zum Abriss des Italienerdorfs in den 1990er-Jahren weiter nutzbringend angewandt.

In einigen Texten über das Leben der Gastarbeiter wird die Realität der Siedlung Berliner Brücke mit übertrieben negativen Begriffen beschrieben. Manche Autoren haben sogar von ›Ghetto‹ gesprochen. In Wahrheit war es aber so, dass fast niemand der Bewohner im Italienerdorf sich über die Wohnbedingungen beklagte. Wer hierher kam, fand alles, was ihm zu Hause fehlte: warmes Wasser, Heizung usw. Sicherlich war es kein Paradies, aber auch nicht die Hölle, wie manche glauben machen wollten. Das einzige große Problem bestand darin, dass hier Tausende Männer lebten. Wir vom Betriebsrat interessierten uns, obwohl wir eigentlich nur für Arbeitsfragen im Betrieb zuständig waren, nichtsdestotrotz auch für die Probleme der Siedlung, indem wir zum Beispiel die Bildung des Selbstverwaltungskomitees gefördert haben. Wenn sich dann darüber aufgeregt wird, dass es für die Arbeiter in ihrer freien Zeit nicht genug Zerstreuungsmöglichkeiten gab, wird dabei oft vergessen, dass viele von ihnen nach ihrer Schicht nicht daran dachten, sich zu amüsieren, sondern daran, einer Zweitarbeit (manchmal schwarz) nachzugehen, um in der kürzest möglichen Zeit das nötige Geld zur Seite zu legen, mit dem sie sich den Traum von einem besseren Leben erfüllen wollten.

Das Buch *Die Gastarbeiter-Welt* von Hedwig Richter und Rolf Richter war als eine Art Antwort auf diese apokalyptischen Beschreibungen der Lebensbedingungen im Italienerdorf gedacht. Interessant ist seine Entstehungsgeschichte. Vor einigen Jahren sprach ich mit einigen Funktionären, wie Georg Kugland, der damals an der Spitze der Sozialabteilung bei VW stand und auch für die Unterkünfte an der Berliner Brücke zuständig war, und Walter Kaufmann, der der IG-Metall-Vorsitzende von Wolfsburg war, und erzählte ihnen von der Idee, die Geschichte der Italiener in Wolfsburg zu rekonstruieren, indem man sie selbst erzählen ließ. Den Protagonisten sollte eine Stimme gegeben werden, um ihren Blick auf die Dinge zu zeigen. Kugland nahm Kontakt zum Archivmitarbeiter bei VW auf, der vorschlug, diese Aufgabe den Historikern Hedwig Richter und Ralf Richter anzuvertrauen. Der Vorschlag wurde aufgegriffen, und nachdem wir auf einer vorbereitenden Sitzung den beiden Forschern unsere Absichten erläutert hatten, begann die Arbeit. Es wurden Interviews mit Kugland, Kaufmann und mir geführt, und nach und nach mit zahlreichen Italienern, die nach ihrer Zeit in Deutschland wieder nach Italien zurückgekehrt waren. Zudem wurden auch verschiedene Archive in Rom und in Deutschland konsultiert. Am Ende wurde uns das Buchmanuskript mit den Ergebnissen vorgelegt, damit wir es lasen und Anmerkungen oder Korrekturen anbrachten. Zu meinem großen Erstaunen ließ in dieser zweiten Phase das Interesse der Funktionäre, die bislang an dem Projekt mitgearbeitet hatten, stark nach, vielleicht, weil bei der Forschung herausgekommen war, dass der Empfang und die Hilfen für die Gastarbeiter von VW-Unternehmensleitung, Betriebsrat und der Stadt Wolfsburg besser hätten organisiert sein können. Vielleicht hatten sie ein schlechtes Gewissen. Auf alle Fälle ging die Forschung so sang- und klanglos zu Ende wie ›unsere‹ Initiative. Trotz alledem wurde das Buch aber schließlich abgeschlossen und veröffentlicht.

Ich glaube, dass mit diesem Buch zumindest in Teilen die Wahrheit wiederhergestellt wurde, nicht nur in Bezug auf die Lebensbedingungen der Gastarbeiter in Wolfsburg, sondern auch in Hinblick auf die Rolle derjenigen, die von Anfang an in vorderster Linie im Kampf für die Erlangung wichtiger Rechte für die Italiener engagiert waren. Fakt ist, wenn Journalisten oder Forscher nach Wolfsburg kommen, dann gehen sie zur Konsularagentur oder zum Rathaus, wo ihnen Informationen und Hinweise aus der Sicht ›von oben‹ gegeben werden, die ganz sicher zuverlässig sind, aber oft eben auch befangen. In diesem Fall hingegen wurden vor allem die Stimmen der Protagonisten ›von unten‹ gehört und zur Geltung gebracht. Ein lobenswerter, sicher noch verbesserungswürdiger Beitrag hin zu einer immer klareren Rekonstruktion des Phänomens ›Gastarbeiter‹.

Der ›Pate‹

Die Fußballmannschaft der Wolfsburger Italiener wurde schnell zu einer festen Größe, und ihre Spiele wurden von der großen Gemeinschaft ihrer Landsleute sehnsüchtig erwartet, da bei diesem sportlichen Ritual neunzig Minuten lang das Identitätsgefühl gestärkt und das Heimweh ein bisschen gelindert werden konnte. Auch wenn wir am Entstehen dieses Fußballabenteuers keinen Anteil hatten, so trugen jedoch sowohl VW als auch die Gewerkschaft ihr Scherflein zu dieser sportlichen Unternehmung bei, indem wir zum Beispiel einen Minibus für die Fahrten der Spieler zu den Auswärtsspielen zur Verfügung stellten. Zudem hatte ich erreicht, dass einer der Mannschaftsfunktionäre von der Arbeit in der Produktion freigestellt wurde, um in einem Arbeitsbereich als Dolmetscher eingesetzt zu werden. Nie hätte ich gedacht, dass diese uneigennützige Unterstützung mit einem Angriff auf meine Person zurückgezahlt werden sollte, und zwar von der schlimmsten Sorte.

Alles begann, als ich mich eines Tages mit einigen Funktionären des Fußballclubs unterhielt und das Gespräch auf mein Vorhaben kam, einige Dinge kaufen zu wollen, darunter einen Fernseher und eine Gartenpumpe. Einer von ihnen sagte zu mir: »Lorenzo, ich habe einen Metro-Ausweis und kriege Prozente, wenn du willst, gehen wir zusammen.« Ich verstand das als eine Art Anerkennung für die kleine Hilfe, die ich dank Unternehmen und Gewerkschaft geben konnte. Ich antwortete ihm, dass das nicht notwendig sei, doch angesichts des freundlichen Beharrens meines Gesprächspartners hatte ich den Eindruck, dass es unhöflich wäre, auf meiner Ablehnung zu bestehen. Wir fuhren zur Metro nach Braunschweig, wo ich das kaufte, was ich brauchte, und ganz regulär bezahlte. Nach einiger Zeit kam mir zu Ohren, dass der von der Arbeit befreite und nun als Dolmetscher eingesetzte Funktionär dabei war, Mitglieder für den Sportclub zu werben, um auf diese Weise die Einkünfte durch die Mitgliederbeiträge zu erhöhen, und im

Gegenzug für die Mitgliedschaft Vergünstigungen versprach, zum Beispiel bei den Wohnungszuweisungen. Einer der ›Angesprochenen‹ erzählte mir, was los war, und ich wurde fuchsteufelswild. Ich ging zum Dolmetscher und sagte ihm, dass er diese unseriösen Praktiken sofort beenden müsse, andernfalls würde ich Konsequenzen ziehen. Er machte aber weiter, obwohl er in der Zwischenzeit Mitglied des Betriebsrats geworden war. Ich beschloss, alles dem Betriebsratsvorsitzenden zu berichten, was eine Untersuchung zur Folge hatte, die die Anschuldigungen bestätigte und ihn zwang, sein Mandat niederzulegen.

Von da an wurde ein Racheakt gegen mich vorbereitet. Wie ich im Nachhinein erfuhr, begann man herumzuerzählen, dass ich mich hätte bestechen lassen, damit Italiener eingestellt würden, dass ich Geld angenommen hätte, dass mir ein Fernseher und eine Gartenpumpe geschenkt worden seien. Ein Vertrauensmann, der Kommunist war und den ich gut kannte, tat sich besonders dabei hervor, bei den Kollegen Zweifel über meine Ehrlichkeit zu säen. Das Gerücht erreichte auch die Jugendgruppe, die vom Nachfolger Don Parentis geleitet wurde. Sie sprachen darüber und beschlossen am Ende, zusammen mit dem Kommunisten, der mich beschuldigte (welch seltsame und seltene Form der Allianz zwischen Kirche und Marx!), ein anonymes Flugblatt zu schreiben und 4.000 Stück davon zu verteilen. In diesem auf Italienisch und auf Deutsch verfassten Flugblatt, das mit einem Foto von mir versehen war, wurde ich beschuldigt, Mafiamethoden anzuwenden. Einer der Jugendlichen, der auch einer meiner Vertrauensleute war, kam eines Morgens ganz aufgeregt zu mir, um mir zu sagen: »Lorenzo, die wollen dich loswerden! Die haben Flugblätter gedruckt, ich hab' dir eins mitgebracht. Heute Abend entscheiden sie, an welchen Werkseingängen sie die verteilen.« Ich las das Flugblatt und konnte mir sofort denken, wer hinter der Aktion steckte. Der junge Vertrauensmann, der mir den Tipp gegeben hatte, nannte mir die Namen derjenigen, die an dem Treffen teilgenommen hatten, auf dem die Aktion geplant worden war. Darunter war auch der kommunistische Vertrauensmann, ich hatte also richtig gelegen.

Liebe Landsleute,

ich bin ein Vertrauensmann der IGM und seit 8 Jahren im VW-Werk. In dieser Zeit habe ich vieles gehört und gesehen, aber was in letzter Zeit erzählt wird, ist widerlich. Es wird viel gesprochen über eine Story von einem VW-Bus und deswegen wird ein zurückgetretener Betriebsrat beschuldigt, mit dieser ganzen Sache zu tun gehabt zu haben. Obwohl die konkreten Beweise an den Leiter der Verwaltungsstelle abgegeben wurden, hat die IGM nichts dergleichen getan, diesen Punkt ganz aufzuklären. Wann will man endlich mit dem schmutzigen Geschäft der Verleumdungen in der IGM unter dem "Paten" (H. Annese) Schluß machen und andere unschuldige Menschen in Ruhe lassen, die nur das Gute für uns Italiener wollen? Warum existiert so viel Mißtrauen und Böswilligkeit unter uns Italienern in Wolfsburg? Wer ist der Urheber von diesen ganzen Sachen? Warum besitzt er nicht den Mut und erklärt, was er selbst von unseren Landsleuten bekommen hat? Z. B. einen Farbfernseher und eine elektrische Pumpe für den Garten, etc. Ist dies der gute Wille, den man unseren Landsleuten gegenüber hat? Ist das nicht vielleicht Ausbeutung und Ausnutzung von armen Leuten, die nach Deutschland kommen und hier hart arbeiten? Solange wir das dulden werden, daß dieser Mann hinter den Kulissen bleibt, wird er immer durch seine Macht, die man ihm von seiten der IGM gibt, unwissende Leute ausbeuten und ausnutzen und sein "Mafia-Geschäft" mit der Angst weiter betreiben.

Ein Vertrauensmann

weiteres in 15 Tagen!

Der Pate

Das verleumderische Flugblatt. Auf der Rückseite steht der Text auf Italienisch.

Ohne zu zögern ging ich zu ihm und begann, ihm unverfänglich ein paar rituelle Standardfragen zu stellen: »Na, wie geht's? Alles in Ordnung?«, und dann, etwas weniger rituell: »Gibt es vielleicht etwas, das ich wissen sollte?« Er verneinte. Ich hakte nach und sagte: »Vielleicht habe ich das ja nur geträumt ... aber ich habe gehört, dass es um den Priester herum ein bisschen Aufruhr gibt.« Er stritt noch immer ab, etwas davon zu wissen oder gar daran beteiligt zu sein. Es war ein bitteres Erlebnis, Zuschauer dieses falschen Zeugnisses zu werden. Nach dem entlarvenden Gespräch ging ich direkt zum Betriebsratsvorsitzenden, um ihn über das Vorgefallene zu informieren. Dieser warf ein Auge auf das Flugblatt und meinte, ich solle mir keine Sorgen machen. Der intrigante Vertrauensmann ging nach seiner Schicht zum Treffen, auf dem über den Verteilungsort des Flugblatts entschieden werden sollte, und berichtete, was er ganz klar verstanden hatte, dass ich nämlich schon alles wisse und es deshalb notwendig sei, gut zu überlegen, bevor man agiere. Don Duilio, der neue Priester, dem das unentschlossene Schwanken auffiel, hakte in entschiedenem Ton nach, ob das, was auf dem Flugblatt stünde, wahr sei. Die Antworten waren vage und zögerlich, sodass er verstand, dass die Anschuldigungen gegen mich komplett erfunden waren. Daraufhin wurde beschlossen, nichts mehr zu unternehmen. All diese Details, die ich hier wiedergegeben habe verdanke ich natürlich dem jungen Vertrauensmann, der mich in dieser Angelegenheit stets auf dem Laufenden hielt.

Von jenem Moment an habe ich mich gegenüber den an der gescheiterten Verschwörung Beteiligten immer so verhalten, als ob nie etwas passiert wäre: Ich habe nie gezeigt, dass ich wusste, was sie ausgeheckt hatten. Mit dem kommunistischen Vertrauensmann habe ich sogar zusammengearbeitet, als er nach seiner Kündigung bei VW für eine Bildungseinrichtung zu arbeiten begann, die Praktika organisierte. Er und Don Duilio fragten mich, ob ich ihnen ein bisschen Gewerkschaftskultur vermitteln könnte, um die Jugendlichen, die ihre Kurse besuchten, dazu zu bringen, ein Praktikum in den VW-Werkstätten zu machen. Ohne lange darüber nachzudenken, erklärte ich mich dazu bereit, denn Gewerkschaftskultur und Praktikum waren eine gute

Sache für die Jugendlichen, und die im Praktikum erworbenen Fähigkeiten waren auch für VW von Vorteil. Das war der Grund, warum ich nie erzählt habe, dass ich von der Verschwörung wusste: Denn niemand hätte dabei etwas gewonnen, es wäre nur Zeit in fruchtlosen und heftigen Auseinandersetzungen verschwendet worden, wegen Verfehlungen, die niemand mehr ändern konnte. So ist meine Mentalität. Für mich haben im Schatten der Anonymität begangene Handlungen, die denjenigen schaden sollen, die im Tageslicht arbeiten, dieselbe Beschaffenheit wie Rauch: Mögen sie sich im Wind auflösen. Wenn ein Urteil über sie gefällt werden muss, dann bleibt es dem Gewissen derjenigen überlassen, die sie ausgeführt haben. Ein paar Mal habe ich das Flugblatt eingesteckt, um es den Urhebern zu zeigen, aber dann habe ich es mir anders überlegt und mir gesagt: »Zum Teufel, das ist Zeitverschwendung und führt zu gar nichts!« Und doch gibt es mir jedes Mal einen Stich, wenn ich es mir ansehe und lese, was unter meinem Foto geschrieben steht: ›Der Pate‹[32].

Gewerkschaftliche Bildung: die entscheidenden Treffen

In den 1960er-Jahren hatte ich das Glück und die Ehre, Otto Brenner[33] kennenzulernen, den damaligen Vorsitzenden der IG Metall. Zum ersten Mal traf ich ihn 1965 auf dem berühmten Kongress in Bremen, und dann bei vielen weiteren Gelegenheiten in Wolfsburg und in Emden. Ich habe diesen Mann immer sehr bewundert, der sein ganzes Leben an vorderster Front für die Verteidigung der Arbeitnehmerrechte gekämpft hat. Er gehört zu den Menschen, die mich am meisten bei meiner Arbeit inspiriert haben: ein mutiger Mann, der über einen scharfen Verstand verfügte und unermüdlich tätig war.

Mit Hugo Bork, dem VW-Betriebsratsvorsitzenden und Oberbürgermeister von Wolfsburg, habe ich jahrelang fast jeden Tag Seite an Seite gearbeitet. In den vielen Jahren unserer gemeinsamen Tätigkeit lernte ich seine höfliche Hilfsbereitschaft, seine Fähigkeit zum Zuhören und seine Tendenz, auch heikelste Auseinandersetzungen zwischen Unternehmen und Arbeitnehmern durch Vermittlung zu lösen, zu schätzen. Für einige war sein auf Kompromisse ausgerichteter Verhandlungsstil nicht akzeptabel, denn gegenüber den Interessen des Unternehmens schien er zu nachgiebig, aber ich glaube, dass dieser Ansatz in vielen Fällen ergiebig war und eine wirksame Ergänzung zum offenen und frontalen Kampf gegen die Ansprüche des Kapitals darstellte.

Als ich 1963 mein erstes Seminar in einer der Bildungsstätten der IG Metall in Frankfurt am Main besuchte, lernte ich den Menschen kennen, den ich als meinen Lehrer betrachte: Max Diamant[34]. Als Leiter der Abteilung »Ausländische Arbeitnehmer« beim Vorstand der IG Metall hatte er die Aufgabe, Kurse zur gewerkschaftlichen Bildung zu organisieren und durchzuführen. Er war ein großartiger Redner, und mit seiner leidenschaftlichen Vortragsweise begann er, meinen Geist dafür zu öffnen, was Gewerkschaft bedeutet und wie sie funktioniert, auf welche Weise Arbeitnehmerrechte verteidigt werden müssen, welche Strategien die richtigen sind, um einen wirkungsvollen Kampf zur Erlangung neuer Rechte zu führen. Aus diesem Kurs und vielen nachfolgenden nahm ich alles mit, was er jeweils vermittelte, und versuchte es in meiner täglichen Arbeit bei VW in die Praxis umzusetzen. Max' Seminare, in denen wir lernten, Vorträge vor Publikum vorzubereiten und zu halten, waren denkwürdig. Mit großem Enthusiasmus gab er uns Ratschläge, wie man mit einer Rede Wirkung erzielen kann. »Ihr dürft nicht nur die anschauen, die direkt vor euch sitzen«, sagte er uns, »sondern ihr müsst den ganzen Saal überblicken, der euch zuhört.« Oftmals riet er uns, unsere Hauptargumente an den Schluss der Rede zu stellen und diese mit größerer Eindringlichkeit vorzubringen, damit sie den Zuhörenden besser im Gedächtnis blieben. »Man muss reden, reden, reden und genau wissen, was man sagen will. Um zu sehen, ob ihr überzeugend seid, stellt euch vor einen Spiegel und beobachtet eure Bewegungen, während ihr sprecht: Das, was ihr sagt, muss gut verständlich sein.« Ich meine ihn noch immer zu hören, mit seiner ungestümen und mitreißenden Art, wie er uns zu guten und überzeugenden Rednern machen wollte. Manchmal war es, als ob man in einem Film wäre: eine zweite Form des Kinos, die in meinem Bildungsweg eine wichtige Rolle gespielt hat.

Als wir nach einiger Zeit eine solide Gewerkschaftsbasis in Wolfsburg aufgebaut hatten, beschlossen wir, ihn für ein Seminar einzuladen, in dessen Verlauf etwas geschah, das für mich einen entscheidenden Wendepunkt in der Art, wie ich meine Arbeit verstand, mit sich brachte. Bis dahin hatte ich, obwohl durchaus schon in einer verantwortungsvollen Position, immer mit der Mentalität eines Süditalieners gedacht und gehandelt, der zufolge man bei einem Problem zu seinem ›Chef‹ geht: Für mich waren das Max Diamant und die IG Metall. Am Seminartag sprach ich also in der Mittagspause mit Max über die Probleme, die es mit Don Parenti gab. Ich sagte ihm, dass man ihm meiner Meinung nach die Verwaltung der Freizeitaktivitäten für die Italiener entziehen müsste, da diese es ihm erlaubten, eine ungeheure Macht auszuüben. Diamant saß neben Bernhard Tyrakowski, dem schon erwähnten IG-Metall-Bevollmächtigten in Wolfsburg, und ich hatte den Eindruck (der falsch war, wie sich herausstellte), dass beide, vielleicht, weil es kurz nach dem Essen war, schläfrig waren und mir gar nicht zuhörten. Als eine Reaktion ausblieb, versuchte ich etwas weniger schüchtern eine Reaktion zu provozieren, und so rief ich mit lauterer Stimme: »Max?« Worauf er mir, in einem Ton, den ich nie vergessen werde und der mir wie der eines Priesters vorkam, der mich von meiner Unsicherheit lossprach, antwortete: »Lorenzo, du siehst das ganz richtig, genauso ist es, mach es!« Es war eine Erleuchtung. Ich verstand, dass ich nicht auf die Anweisungen eines ›Oberen‹ (des ›Chefs‹) warten musste, um zu handeln: Mit dem Betriebsverfassungsgesetz stand mir ein mächtiges Instrument zur Verfügung, das die Bereiche und die Grenzen der Gewerkschaftsarbeit regelte, und es lag nur an mir, es in der richtigen Weise zu nutzen. Von da an rückte alles, was uns in den Lehrgängen beigebracht worden und weiterhin wichtig war – der Aufbau der Gewerkschaft, die Funktionen der verschiedenen Organe, die Regionalbezirke, die Rolle der Vertrauensleute, die Notwendigkeit, die Zahl der Gewerkschaftseintritte zu steigern etc. – in die zweite Reihe angesichts dieser Worte, die in der richtigen Weise und zum richtigen Zeitpunkt ausgesprochen worden waren.

Nach diesem energischen Zuspruch beschloss ich, zur Verwirklichung meiner Ideen nicht mehr die Genehmigung von ›oben‹ einzuholen, sondern mit mehr Initiative und Autonomie bei der täglichen Wahrung der Arbeitnehmerrechte zu agieren, auch wenn das hieß, einem Stil zu folgen, der völlig anders als der des Vorarbeiters war. Wie ich schon betont habe, war Max Diamant in seinen Reden sehr lebendig, theatralisch und mit großer Dialektik begabt. Oft nutzte er diese rhetorischen Waffen zu einer harschen Kritik an Hugo Bork, dem er vorwarf, mit Nordhoff zusammenzuarbeiten, eine Zusammenarbeit, die seiner Ansicht nach die damals niedrige Zahl an IG-Metall-Mitgliedern in Wolfsburg erklärte. Ich hingegen bin immer derselbe ›Pazifist‹ geblieben, der versucht, Probleme durch Mediation zu lösen, obwohl auch ich in einigen Situationen rauere Methoden anwenden musste.

Ein Lehrer der Bildungseinrichtung in Dortmund, die ich 1967 besuchte, ein Deutscher durch und durch mit manchmal barscher Art, ist mir unauslöschlich in Erinnerung geblieben. Er verurteilte kategorisch Entlassungen, die mit dem Einverständnis des Betriebsrats erfolgten, auch von Arbeitern, die schwere Regelverletzungen begangen hatten. »Niemals dem zustimmen, was das Unternehmen will«, sagte er. »Wenn sie einen Arbeiter entlassen wollen, werden sie es trotzdem tun, aber nicht mit dem Einverständnis des Betriebsrats.« Wie ich schon erwähnt habe, hatten wir bei VW die volle Mitbestimmung und argumentierten anders, insofern Mitbestimmung nicht nur einen gemeinsamen Beschluss von Unternehmen und Betriebsrat bei den Einstellungen bedeutete, sondern auch bei den Entlassungen, wenn diese aufgrund der Umstände unvermeidlich waren. Jedoch überzeugte mich die strenge These des Lehrers, dass man in Fällen einer anstehenden Entlassung aus disziplinarischen Gründen Mitbestimmung auch praktizieren konnte, indem man das Unternehmen bat, demjenigen, der sich falsch verhalten hatte, eine zweite Chance zu geben, was nach Möglichkeit auch getan wurde. Das funktionierte nicht immer, aber immerhin zeigte sich, dass der Mensch, wenn ihm eine zweite Chance zugestanden ist, manchmal in der Lage ist, sich eines Besseren zu besinnen und aus seinen Fehlern zu lernen.

Eine zweite Möglichkeit: unflexible Regeln und verständnisvolle Menschlichkeit

Ich war immer der festen Überzeugung, dass alle Menschen über Fähigkeiten verfügen: Man muss sie nur anleiten und ihnen die richtige Gelegenheit bieten, diese sinnvoll einzusetzen. Meine Arbeit gab mir die Möglichkeit, diese Überzeugung zu überprüfen, und lieferte mir zahlreiche Bestätigungen ihrer Stichhaltigkeit, aus der einige seltene Ausnahmen herausstachen. Ich erinnere mich an den Fall eines Jugendlichen, der bei VW eine Lehre zum Dreher begonnen hatte. Der Vertrag sah vor, dass er in den dreieinhalb Jahren Lehre auch eine Berufsschule besuchen sollte. Da ich den Jungen kannte und wir ein Stück Weg gemeinsam hatten, brachte ich ihn zur Schule und fuhr dann zur Arbeit. Auf einer unserer wöchentlichen Sitzungen im Personalausschuss, bei der es um Disziplinarfragen ging, sah ich plötzlich den Lehrling eintreten! Ich fragte den Angestellten des Personalbüros, der für die Ausbildung zuständig war, was passiert sei. Die Antwort machte mich sprachlos:»Der Lehrling fehlt seit zehn Tagen unentschuldigt in der Schule.« Ihm stand die sofortige Entlassung bevor. Ich konnte das nicht glauben: Statt zum Unterricht zu gehen, war er jeden Tag, nachdem ich mit dem Auto weggefahren war, mit einem Freund in der Stadt unterwegs gewesen.

Nachdem ich meine erste anfängliche Verblüffung überwunden hatte, versuchte ich den Personalausschuss davon zu überzeugen, dass dieser Fehler wieder gut gemacht werden und der Jugendliche seine guten Seiten unter Beweis stellen könnte, wenn wir ihm weiterzumachen erlaubten. Der Widerstand war beinahe einhellig:»Nein, das war zu viel, drei Tage Fehlen ist das Maximum.« Also begann ich zu argumentieren, dass im Grunde auch die Schule Schuld hätte, denn sie hatte sein Fehlen erst mit einer gewissen Verspätung mitgeteilt. Schließlich lag die Verantwortung gegenüber den Jugendlichen beim

Schulsystem, das sie anleiten und, wenn notwendig, korrigieren sollte, aber sie nicht ohne eine Möglichkeit zur Wiedergutmachung bestrafen durfte. Glücklicherweise überzeugten diese Argumente den Vorsitzenden des Personalausschusses – der sehr streng wirkte, aber in Wirklichkeit ein weiches Herz hatte –, und so wurde eine hohe Strafe festgelegt, die aus einer schriftlichen Stellungnahme und einem Tagesverdienst bestand, um das undisziplinierte Verhalten zu maßregeln. Die Lehre durfte der Jugendliche jedoch fortsetzen.

Nach der Versammlung sagte ich ihm: »Heute Abend kommst du zu mir nach Hause.« Frieda und ich sprachen mit ihm und machten ihm klar, dass er sich verantwortlicher zeigen müsste, insbesondere in Anbetracht dessen, was viele Menschen für ihn taten, vor allem seine Eltern. »Von morgen an«, trug ich ihm auf, »kommst du jeden Tag nach der Schule zu uns und erzählst Frieda, was du gelernt hast.« Er versprach das und hielt Wort. Bei der Abschlussprüfung lief alles gut, und er begann ohne weitere Probleme im Werk als Dreher zu arbeiten. Ich glaube, dass diese Geschichte ein weiteres Mal zeigt, dass ein Mensch, der sich selbst überlassen bleibt, sich verlieren kann. Oftmals bringen strenge Regeln gar nichts. Stattdessen muss man die Situation verstehen und die positiven Möglichkeiten, die sie bietet, in Betracht ziehen.

Von da an wurden ein paar Sachen geändert: Die Schule musste unentschuldigtes Fehlen noch am selben Tag melden, um zu vermeiden, dass ein Schüler vom rechten Weg abkam. Der Jugendliche, inzwischen ein Erwachsener, ist noch immer bei VW und steht kurz vor der Rente. Vor einiger Zeit nahm er an einer von VW organisierten Stammzelltypisierung teil. Seine Stammzellen waren mit denen eines Patienten in den USA kompatibel, dem dadurch geholfen werden konnte. Und wenn der Junge nicht bei VW angefangen hätte? Wenn er sich verloren hätte? Die Aufmerksamkeit, die diesem Jugendlichen gewidmet wurde, das Gute, das ihm von allen, denen seine Zukunft am Herzen lag, getan wurde, sind einem anderen Menschen zugutegekommen, der wiederum auf seine Weise jemand anderem helfen kann. Das also kann geschehen, wenn man einen Menschen davor bewahrt, sich durch eine jugendliche Dummheit sein Leben zu ruinieren. Manchmal ist es notwendig, strenge Vorschriften zu durchbrechen, denn es gibt Momente, in denen Menschlichkeit über die kalte Anwendung einer Regel siegen muss.

Ein weiterer schwieriger Fall war der eines italienischen Arbeiters, der sich in eine Frau verliebt hatte, die bei VW arbeitete, wo er sie ständig in ihrem Arbeitsbereich belästigte und ihr auch außerhalb folgte. Dies war dem Vorarbeiter des Opfers aufgefallen, der die Vorkommnisse dem Werkschutz gemeldet hatte. Dieser hatte den Fall protokolliert und ihn dem Personalausschuss mitgeteilt. Als wir den Arbeiter vorluden, stritt er alles ab und behauptete, es sei die Frau, die sich für ihn interessiere. Ich sagte ihm, dass aus den Aussagen, die wir zusammengetragen hatten, hervorginge, dass die Dinge anders lägen. Der Personalausschuss wusch ihm sprichwörtlich den Kopf und ich erinnerte ihn an die Arbeitsregeln, wo klar geschrieben stand, dass bei Beleidigungen, Belästigungen und Angriffen auf Kolleginnen und Kollegen die fristlose Kündigung drohte. Wir beschlossen, ihn zu halten, weil wir sicher waren, dass er sich besinnen würde. Jedoch begann er nach einer gewissen Zeit erneut, die Frau zu belagern, und sie beschloss, ihn anzuzeigen. Er wurde von der Polizei vorgeladen, ermahnt und mit der Ankündigung, wenn sich die Sache wiederholte, würde es einen Prozess mit strafrechtlichen Folgen geben, wieder nach Hause geschickt. Wir forderten ihn auf, sich strikt an die Anweisungen zu halten. Er schaffte es jedoch nicht, sein Verhalten zu ändern, und so wurde ihm der Prozess gemacht, an dessen Ende sich der Richter sehr ›verständnisvoll‹ zeigte, denn es gab keine strafrechtliche Konsequenz, sondern nur das Verbot, sich der Frau zu nähern.

Wie befürchtet, änderte sich sein Verhalten im Betrieb nicht, sodass wir beschlossen, ihm zu kündigen. Er kam zur Gewerkschaft und bat um Rechtsbeistand, aber wir waren unnachgiebig: In einer solchen Situation waren die Chancen auf Wiedereinstellung gleich null. Im Personalausschuss fällten wir jedoch einen Beschluss, den wir ihm nicht mitteilten. Würde er seine inzwischen klar zutage tretende Verhaltensstörung therapieren lassen und diese Therapie erfolgreich sein, dann würden wir alles tun, damit er wieder eingestellt würde. Ich übernahm es, ihm anzuraten, einen Arzt aufzusuchen und sich therapieren zu lassen, ohne ihm irgendetwas zu versprechen. Er folgte meinem Rat und ließ sich therapieren. Knapp ein Jahr später besuchte er mich zu Hause, um zu fragen, ob er wieder eingestellt würde, denn der Arzt hätte ihn als geheilt erklärt. Ich bat ihn, sich vom Arzt eine Bescheinigung ausstellen zu lassen und sich zu bewerben. Mit der Bescheinigung in der Hand informierte ich den Personalausschuss, dass der Mann sich habe therapieren lassen und vom Arzt als geheilt eingestuft worden wäre. Er wurde wieder eingestellt, aber nach wenigen Wochen ging alles wieder von vorne los. Daraufhin wurde er endgültig entlassen. Das war eine bittere Niederlage, denn wir hatten alles getan, um seine Entlassung zu verhindern. Wir waren sicher, dass die Therapie ihm geholfen hatte, und hatten gehofft, er habe verstanden, welch seltene zweite Chance ihm zugestanden worden war. Aber letztendlich mussten wir einsehen, dass sein Verhalten eine handfeste Krankheit und sehr schwer zu heilen war.

Wenn hingegen keine zweite Chance gewährt wurde, mussten alternative Lösungen gefunden werden. Im Allgemeinen war es die italienische Konsularagentur, die auf besonders kritische Fälle von Italienern hinwies, die ihre Arbeit verloren hatten und für die eine schnelle Lösung gefunden werden musste. Einer dieser Fälle – es handelte sich um einen italienischen Arbeiter, der wegen Diebstahls entlassen worden war – bekam aufgrund der Konsequenzen, die er für mein Leben hatte, eine besondere Bedeutung. VW wollte ihn unter keinen Umständen wieder einstellen, denn was er getan hatte, war zu schwerwiegend. Was also tun? Mir kam eine Idee, die ich sofort dem Konsularagenten Giuseppe Ardillo mitteilte. Man könnte versuchen, ihn bei der Reinigungsfirma unterzubringen, die bei VW arbeitete und für die auch andere Italiener tätig waren. Ich bat Ardillo, dem Entlassenen vorzuschlagen, sich bei dieser Firma zu bewerben, in der Zwischenzeit wollte ich mit einem italienischen Gruppenleiter reden, der dort schon einige Jahre arbeitete. Ein paar Tage später gab mir der Gruppenleiter die Rückmeldung, dass die Firma bereit wäre, unseren Landsmann einzustellen. Ein letztes Hindernis war zu überwinden: VW wollte ihn nicht ins Werk lassen. Also ging ich zum Personalbüro und sagte: »Liebe Leute, er hat einen Fehler gemacht, ihr habt recht, ihn nicht wieder einstellen zu wollen, aber die Reinigungsfirma ist bereit, ihm Arbeit zu geben. Wenn wir ihm schon keine zweite Chance mit einer Neueinstellung im Werk geben wollen, dann geben wir ihm doch zumindest die Möglichkeit, dieses betreten zu dürfen.« Es war nicht leicht, aber mit Ausdauer und Beharrlichkeit gelang es mir, sie zu überzeugen.

Ein paar Tage später brachte mich Ardillo völlig aus dem Konzept, als er mir sagte: »Annese, ich will dich zum *Cavaliere*[35] vorschlagen.« »Ardillo«, antwortete ich ihm in einem respektvoll-vertraulichen Ton und mit einem freundlichen Lächeln, womit ich sowohl meine Dankbarkeit als auch meine Ablehnung zum Ausdruck brachte, »lass mich damit in Frieden. Ich mag das nicht, wenn ich im Mittelpunkt stehe.« Aber trotz meiner Bitte ließ er nicht davon ab. Am Ende schrieb Ardillo den Antrag, in dem er insbesondere den Fall des wegen Diebstahls entlassenen Arbeiters herausstellte. So kam es, dass mir am 24. März 1984 vom italienischen Botschafter Luigi Vittorio Ferraris[36] im großen Saal der VW-Kantine und im Beisein der höchsten Unternehmensvertreter der Orden für die Verdienste um die Italienische Republik überreicht wurde. Ich will nicht leugnen, dass mich die Auszeichnung gefreut hat, aber gleichzeitig kann ich ehrlich sagen, dass ich sie nicht gebraucht hätte. Ich bin denjenigen, die mich dafür vorgeschlagen haben, sowie denjenigen, die entschieden haben, dass ich sie mir verdient hatte, dankbar, aber ich mich habe bei offiziellen Treffen, zu denen ich häufig eingeladen wurde, nie mit dem ›Lametta‹ gezeigt (ich erlaube mir von jeher diesen Ausdruck, der nicht die Bedeutung des Ordens ironisiert, sondern seine Zurschaustellung). Das entspricht nicht meinem Charakter. Diese Auszeichnung war die Würdigung dessen, was ich gemacht hatte, also meiner Vergangenheit, mich jedoch interessierte in erster Linie das, was ich noch tun konnte, also meine Zukunft. Für mich ist ein Mensch nicht der Katalog seiner Taten, sondern die Intensität, mit der er sich verpflichtet fühlt, solange er kann und in welcher Form auch immer zur Linderung des Leidens seiner Mitmenschen bei-

Am 20. März 1984 wurde mir vom italienischen Botschafter Luigi Vittorio Ferraris der *Cavaliere* verliehen.

zutragen. Je stärker diese Intensität ist, desto stärker ist seine Menschlichkeit, insofern daraus ein stimmiges Handeln erwächst.

Ich wurde von Italien geehrt, meinem Heimatland, das ich voller Feindseligkeit sowie Wut über die Armut, die es mich hat erleiden lassen, verlassen hatte, die Folge unseliger politischer Entscheidungen, die ich im Lauf der Zeit allmählich besser verstanden habe. Ich wurde in Deutschland geehrt, in dem Unternehmen, das meinen Antrag auf Wiedereinstellung eines entlassenen Italieners abgewiesen hatte, und gegen dessen Willen ich erreicht hatte, dass er das Werk wieder betreten durfte. Das alles löste bei mir eine seltsame Empfindung aus: Erstaunen darüber, eine italienische Ehrung in Deutschland erhalten zu haben, obwohl ich ein auf Italien zorniger Italiener und ein wenig fügsamer Mitarbeiter der deutschen Firma VW war. Ich fühle mich zutiefst als Italiener und gleichzeitig als Teil der VW-›Familie‹. Das hat mich jedoch weder davon abgehalten, die weniger vertretbaren Aspekte meines Landes zu kritisieren, noch mich in Kämpfen zum Schutz der Arbeitnehmer ›gegen‹ mein Unternehmen zu engagieren. Wer weiß, der beste Weg, ein guter Staatsbürger und Arbeitnehmer zu sein, ist es vielleicht, nicht immer brav zu sein.

Beziehungen zur italienischen Politik

Durch meine Arbeit kam ich häufig mit offiziellen Vertretern des italienischen Staates in Kontakt, wie Konsuln, Konsularagenten, Botschaftern. Einige von ihnen trugen sehr engagiert dazu bei, dass die italienische Politik die Probleme und Bedürfnisse der italienischen Gemeinde in Wolfsburg stets im Auge behielt. So war zum Beispiel der Botschafter Luigi Vittorio Ferraris häufig bei VW zu Besuch. Einmal beschloss er sogar, alle italienischen Konsuln zu einem Besuch nach Wolfsburg einzuladen. Dieses Ereignis erforderte eine mühevolle Organisation, in die ich, in Zusammenarbeit mit der VW-Unternehmensleitung, nicht unerhebliche Energien steckte, aber am Ende war es äußerst gelungen und von hohem symbolischen Wert: Die institutionelle Vertretung Italiens in Deutschland besuchte die größte italienische Gemeinde auf deutschem Boden.

Ein anderer, an den ich anerkennend denke, ist der Staatssekretär im Arbeits- und Sozialministerium Bruno Corti, dem wir die Einrichtung der Konsularagentur verdanken. Corti war einer der zahlreichen Funktionäre des italienischen Staates, der ab und zu nach Wolfsburg kam, um sich über die Situation seiner Landsleute zu informieren, vor allem dann, wenn es Ereignisse gab, die etwas Besorgnis hervorriefen, wie die Demonstration der jungen Kommunisten gegen Don Parenti. Während dieser Besuche wurden unsere Forderungen aufmerksam angehört und Versprechungen gemacht, die aber in der Regel folgenlos blieben. Dies änderte sich mit Cortis Besuch 1973. Bei einem Treffen mit den Vertrauensleuten, die ihm einige Probleme darlegten, wie das Fehlen einer Konsularagentur in Wolfsburg oder die Nichtanerkennung des italienischen Führerscheins in Deutschland, versprach Corti mir: »Annese, sobald ich wieder in Rom bin, kümmere ich mich darum und sage Bescheid.« Zurück in Rom schrieb er sogleich dem damaligen Außenminister Aldo Moro, und es begann ein Briefwechsel zwischen ihnen über die Forderungen der Italiener in Wolfsburg. Jedes Mal, wenn er eine Antwort erhielt, schickte er mir eine Kopie und hielt mich so auf dem Laufenden. Ich bin diesem Mann sehr dankbar, er hat den Tausenden italienischen Arbeitern gegenüber großen Respekt und tatkräftiges Engagement gezeigt.

Nur wenige Monate nach seinem Besuch wurde in Wolfsburg plötzlich eine Konsularagentur eröffnet, die an das Konsulat in Hannover angebunden war. Anfangs war der Konsularagent nur zwei Tage die Woche anwesend, bald jedoch kam er häufiger. Nach einiger Zeit erfuhren wir, dass die erst vor kurzem eröffnete Agentur wieder geschlossen werden sollte. Wir beschlossen, dagegen zu protestieren, und organisierten einen Protestmarsch, um unsere Ablehnung zu zeigen. Daraufhin revidierten die zuständigen italienischen Behörden ihre Entscheidung. Seitdem ist die Konsularagentur dauerhaft in der Stadt präsent und kümmert sich um alle bürokratischen Angelegenheiten und Dokumente. Ihr Vorhandensein hat das Leben vieler Italiener erheblich vereinfacht: Vorher musste man für jedes Dokument nach Hamburg oder Hannover fahren, was Zeit und Geld kostete, und für diejenigen, die nicht richtig lesen oder schreiben konnten, war alles noch weitaus schwieriger.

Auf die politische Anerkennung der umfangreichen italienischen Gemeinde in Wolfsburg durch die Eröffnung der Konsularagentur erfolgte 1974 mit der Eröffnung des italienischen Kulturinstituts auch die kulturelle. Um die Finanzierung der Institutsaktivitäten zu gewährleisten, wurden enorme Anstrengungen unternommen, aber durch die Mitarbeit vieler Kollegen sowie die Unterstützung der VW-Unternehmensleitung, der Stadt Wolfsburg und natürlich des italienischen Staates gelang es allmählich, eine Institution zum Leben zu erwecken, die im Lauf der Zeit zahlreiche Initiativen zur Verbreitung von Kenntnissen über die italienische Kultur unter den Deutschen befördert hat. In jüngster Zeit hat die Wirtschaftskrise diese Errungenschaft in Gefahr gebracht. Wie man weiß, trifft es als Erstes die Kultur, wenn gespart werden muss. Das Urteil der italienischen Behörden war unumstößlich: Genauso wie andere Kulturinstitutionen in Italien sollte das italienische Kulturinstitut in Wolfsburg geschlossen werden. Sogar die

Schließung der Konsularagentur stand im Raum. Aber wir Italiener in Wolfsburg blieben nicht untätig: Bei verschiedenen Gelegenheiten, zum Beispiel während der Botschafterbesuche, brachten wir klar zum Ausdruck, dass es ein Fehler wäre, Einrichtungen zu schließen, die das Ergebnis so großer Anstrengungen in der Vergangenheit und für die Italiener so wichtig in der Gegenwart waren. Als Kompromiss wurde schließlich beschlossen, die Konsularagentur zu erhalten, aber das Kulturinstitut zu schließen, dessen Direktorin blieb jedoch im Amt, sie übt es nun in der Konsularagentur aus. Die Stadt Wolfsburg war bereit, sich finanziell zu beteiligen, wie sie das schon in der Vergangenheit gemacht hatte. Es ist fast überflüssig, zu unterstreichen, dass dieses Beispiel zum wiederholten Male zeigt: Man muss über das, was man errungen hat, stets aufmerksam wachen, der Kampf endet nicht damit, etwas zu erreichen, sondern geht weiter, um die unter Mühen errungenen Ergebnisse zu verteidigen.

Anfang 1986 erfuhren wir, dass Francesco Cossiga, der Staatspräsident der Republik Italien, nach Deutschland auf Besuch kommen sollte. In Absprache mit dem Konsularagenten Giorgio Rettura beschlossen wir, ihn nach Wolfsburg einzuladen. Schon seit einiger Zeit hatten wir daran gedacht, etwas für die Italiener zu organisieren, das ihnen zeigen sollte, dass man in Italien an sie dachte, dass man sie nicht vergessen hatte. Jemand hatte sogar vorgeschlagen, den Papst einzuladen, aber von dieser Idee waren wir schnell wieder abgekommen. Rettura bestärkte mich in dem Vorhaben und half mir, eine offizielle Einladung an den Präsidenten zu verfassen. Nachdem das erledigt war, bat ich meinen italienischen Kollegen im Betriebsrat, mit zu unterschreiben, damit die Einladung nicht wie eine Einzelinitiative wirkte, sondern wie der Wunsch der gesamten italienischen Gemeinde in Wolfsburg. Nach kurzer Zeit erreichte uns ein Antwortbrief, in dem man uns für die Einladung dankte und mitteilte, dass die Möglichkeit eines Besuchs des Staatspräsidenten in Wolfsburg geprüft würde. Das war ein ermutigendes Zeichen, und wir begannen auf die Verwirklichung zu hoffen. Zu jener Zeit hatte ich eine Reha-Maßnahme beantragt, um Schmerzen, die mich seit geraumer Zeit plagten, behandeln zu lassen, und der etwas merkwürdige Zufall wollte es, dass die Mitteilung über die Genehmigung meiner Kur am selben Tag eintraf wie die Zusage für den Cossiga-Besuch. Zunächst frohlockte ich, doch nachdem ich beide Briefe gelesen hatte, stellte ich fest, dass Cossiga genau in der Zeit kommen sollte, in der ich zur Kur war. »Und was mache ich jetzt?«, fragte ich mich. Meine gesundheitlichen Probleme duldeten keinen Aufschub, aber die Abwesenheit einer der beiden Personen, die die Einladung unterzeichnet hatten, während des Präsidentenbesuchs erschien genauso unpassend. Bevor wir die Einladung ausgesprochen hatten, hatte ich über die Kosten, die dieser Besuch mit sich bringen würde, mit dem Betriebsratsvorsitzenden gesprochen, der seinerseits wieder mit der Unternehmensleitung gesprochen hatte, die Unterstützung signalisiert hatte. Beruhigt von diesem Konsens beschloss ich, zur Kur zu fahren, um sie für den Tag, an dem der Präsident zu Besuch war, zu unterbrechen und sie danach wieder aufzunehmen und zu Ende zu führen.

Leider entwickelten sich die Dinge anders als gedacht. In den Tagen vor dem Besuch, als ich schon weg war, wurde der Kollege, der mit mir die Einladung unterschrieben hatte, von einigen italienischen Arbeitern unter Druck gesetzt, die Cossiga beschuldigten, eine zu harte und repressive Linie in der Terrorismusbekämpfung zu verfolgen. Ihrer Meinung nach hatte es wahllose Festnahmen gegeben, zu viele Menschen seien im Gefängnis gelandet, die überhaupt nichts mit dem ›roten Umsturz‹ zu tun hätten. Schließlich waren diese Stimmen auch dem Betriebsratsvorsitzenden Walter Hiller zu Ohren gekommen, der Sozialdemokrat war. Ich erhielt einen Anruf von der Konsularagentur. Rettura informierte mich darüber, dass es im Betrieb Aufregung gab, dass einige den Präsidenten nicht mehr in der Stadt haben wollten. Das war ein gewaltiger Schlag. Ich unterbrach sofort meine Kur und fuhr nach Wolfsburg. Dort begab ich mich zum Betriebsratsvorsitzenden und fragte ihn, meine Wut kaum verbergend: »Was ist denn los?« Er antwortete mir: »Dein italienischer Kollege im Betriebsrat hat mir von Cossigas repressiven Maßnahmen erzählt.« »Walter«, sagte ich ihm, »in diesem Moment interessiert mich nicht, was der Präsident in

Italien gemacht hat. Ich bin daran interessiert, meinen Landsleuten die Wärme zu geben, die hier in Wolfsburg möglich ist. Im Übrigen hast du zugestimmt, mein Kollege hat die Einladung unterschrieben: Warum sind diese Einwände nicht früher angebracht worden?« »Und wer übernimmt die Kosten?«, fuhr er fort. Ich antwortete ihm: »Aber du hast doch mit der Unternehmensleitung gesprochen und mir gesagt, dass die Antwort positiv gewesen war! Hör zu, du kannst entscheiden, was du willst. Ich gebe nicht auf.« Daraufhin nahm ich eine Kopie der Einladung und ging zum damaligen VW-Vorstandsvorsitzenden Carl Hahn, um ihm zu erklären, wie die Dinge standen. Er sagte mir einfach: »Annese, geben Sie mir das. Ich kümmere mich darum.« Zwei Tage später rief er mich zu sich: Alles sei in Ordnung, der Präsident würde kommen.

Cossigas Besuch in Wolfsburg war ein voller Erfolg. Während des offiziellen Programms sprach Carl Hahn auf Italienisch und ich auf Deutsch: eine symbolische Art und Weise, um Integration darzustellen. Alles lief gut: der Besuch im Werk, wo zahlreiche italienische Arbeitnehmer den Präsidenten herzlich empfingen, der nachfolgende Besuch in den Unterkünften in Kästorf und zuletzt das Treffen im Kinosaal, der brechend voll war und wo ich dem Präsidenten einen Schraubenschlüssel als Symbol für die Gemeinde der italienischen Arbeiter bei VW überreichte. Trotz all der Widerstände, die beinahe alles zum Scheitern gebracht hätten, trotz Cossigas ›Repressionen‹ – die Italiener hatten ihren Präsidenten getroffen, und das allein war es, das für mich zählte. In jenem Moment war Cossiga Italien, jenseits der Urteile, die über seine Amtsführung gefällt werden konnten.

Meine Arbeitserfahrung hat mich gelehrt, dass der Königsweg, um wirkungsvoll Probleme lösen zu können, darin liegt, öffentliches Aufsehen, Extrempositionen in der Auseinandersetzung und fruchtloses Geschwätz, insbesondere ideologisches, zu vermeiden. Im Deutschen gibt es die Redewendungen *Nicht zu viel Wind machen* und *Sich nicht die Butter vom Brot nehmen lassen* – ich glaube, dass an den Begebenheiten rund um den Cossiga-Besuch deutlich wird, wie viel Wahres in beiden steckt. Denn durch die richtige Vorgehensweise, die Beruhi-

Während des Besuchs des italienischen Staatspräsidenten Francesco Cossiga am 25. April 1986 überreiche ich ihm als Symbol der Arbeiterschaft einen Schraubenschlüssel.

gung aufgebrachter Gemüter, ohne Lärm und Theatralik, konnte vermieden werden, dass die Italiener in Wolfsburg eine wichtige Gelegenheit für ein Treffen mit einem offiziellen Vertreter Italiens verpassten, ein Treffen, über das am Schluss alle, ob Befürworter oder nicht, erfreut und zufrieden waren.

Das andere Deutschland und der Kommunismus

Kurz bevor ich bei VW anfing, wurde im August 1961 die Berliner Mauer gebaut. Der real existierende Kommunismus war nur einen Katzensprung von uns entfernt: Bis zur Grenze zur DDR waren es von Bokensdorf aus lediglich wenige Kilometer. Aber ich lernte diese Grenze erst 1962 kennen, als Ihno Detmers, Meister bei VW und einer meiner Vorgesetzten, beschloss, für die italienischen Arbeitnehmer einen Ausflug zu organisieren. Er war ein netter Mensch, der sich regelmäßig über die Lebens- und Arbeitsbedingungen der Italiener bei VW informierte. Häufig bestellte er eine Gruppe Italiener zu sich ins Büro und befragte sie mit mir als Übersetzer, ob es Probleme bei der Arbeit oder im Privaten gäbe und ob sie sich eingelebt hätten. Er ermunterte sie, keine Angst zu haben, und versuchte eine entspannte, quasi familiäre Beziehung zu ihnen aufzubauen. Einige fühlten sich durch diese lockere Atmosphäre ermutigt und erzählten, wie sehr ihnen ihre Familie fehle, oder von den Problemen in Bezug auf eine Wohnung, auch wenn sich alle insgesamt zufrieden mit ihrem Leben in Deutschland zeigten. Einmal betrafen die Fragen die Art und Weise, wie die Freizeit genutzt wurde, und die meisten antworteten, dass sie weder in Gaststätten gingen noch sich andere Vergnügen erlaubten, eigentlich nie aus dem Italienerdorf herauskämen, weil man Geld sparen müsste. Diese Antwort beeindruckte Detmers sehr, auch weil die meisten Männer noch sehr jung waren, sich aber durch die Bürde der Verantwortung, die auf ihnen lastete, keine Unbeschwertheit erlauben durften.

Damals sagte er zu mir: »Lorenzo, frag sie mal, ob sie wissen, dass wir hier ganz nah an der Grenze sind.« Niemand wusste das, ich auch nicht. So beschloss er, einen Sonntagsausflug dorthin zu organisieren, um in das zurückgezogene und monotone Leben der Italiener ein bisschen Farbe zu bringen. Dies war seine private Initiative, nicht eine des

Unternehmens. Er bat einige seiner Mitarbeiter und mich darum, außer seinem auch unsere Autos benutzen zu dürfen, um die Italiener zu transportieren. Als wir ankamen, sahen wir die düstere Grenze vor uns, die die beiden Deutschlands voneinander trennte: Drahtverhaue, Wachttürme, Minenfelder. Es machte einen starken Eindruck auf uns, der jedoch durch eine freundliche Geste Ihnos gemildert wurde. Er hatte einen kleinen Kiosk entdeckt, an dem er uns ein Stück Kuchen und eine Tasse Kaffee spendierte. Diese Liebenswürdigkeit, eine kleine gute Tat, nahm die Italiener weiter für ihn ein und stärkte das Vertrauen, das sie bereits in ihn hatten. Für mich war es die erste Begegnung mit dem brutalen Antlitz des Kommunismus: ein feindseliges, das bedrohlich war und den Dialog verweigerte, das die Menschen trennte, das Mauern errichtete, während meine tägliche Arbeit darin bestand, mit den Menschen zu reden und ihr gegenseitiges Verstehen zu fördern. Dieser negative Eindruck verstärkte sich noch, als ich eine Frau kennenlernte, die im Betrieb arbeitete und nicht weit weg von der Grenze wohnte. Sie erzählte mir, mit welchem Lärm die Minen explodierten, wenn jemand aus Ostdeutschland zu fliehen versuchte und dabei auf eine von ihnen lief.

1965, ich war gerade Betriebsratsmitglied geworden, wollte ich einen Blick hinter die Grenze werfen. Mit Frieda, dem Pfarrer der evangelischen Kirchengemeinde und einem deutschen Kollegen aus dem Betriebsrat beschloss ich, für die Italiener eine Reise nach Ostberlin zu organisieren. Um ein Einreisevisum für die DDR zu erhalten, mussten wir die Besucherliste wenigstens zwei Monate vorher einreichen: Die Behörden der Deutschen Demokratischen Republik wollten genug Zeit haben, um zu kontrollieren, wer da einen Besuch im kommunistischen Deutschland beantragte, man konnte schließlich nicht das Risiko eingehen, Staatsfeinde zu empfangen. Die Genehmigungen wurden schließlich erteilt, aber ich war wütend, als ich das bestätigt fand, was ich schon wusste, nämlich, dass es für uns Italiener (aufgrund bilateraler Vereinbarungen) im Verhältnis einfacher war, die Grenze zu passieren, als für Deutsche aus Westdeutschland (der BRD bzw. der Bundesrepublik Deutschland): Die Gesetze der DDR sahen für Deutsche strenge Auflagen beim Übergang von West nach Ost vor. Frieda, mein Betriebsratskollege und der Pfarrer mussten wesentlich komplexere bürokratische Verfahren hinter sich bringen als ich, um die Grenze überschreiten zu können. Es erschien mir verrückt, dass Menschen, die zur selben Nation gehörten, dieselbe Sprache sprachen und dieselbe Geschichte hatten, auf diese Weise geteilt wurden und sich gegenseitig wie Feinde behandelten. Am Ende bildeten wir eine Gruppe von 35 Personen, von denen drei als Begleitpersonen ausgewiesen waren: der Pfarrer, mein Betriebsratskollege und Frieda. Nur unter diesem Deckmantel wurde ihnen die Einreise in die DDR gewährt.

Obwohl wir unsere Besucherliste zwei Monate im Voraus eingereicht hatten, ließen sie uns an der Grenze unendliche Zeit – so schien es uns jedenfalls – warten, bis wir zur Passkontrolle aus dem Bus aussteigen durften. Als es nach mehr als zwei Stunden endlich so weit war, manifestierte das Verfahren, mit dem jeder von uns kontrolliert wurde, etwas Wahnhaftes: Der Grenzsoldat nahm den Pass und kontrollierte ihn, danach starrte er seinem Besitzer mehrere Sekunden lang, die sich unendlich anfühlten, in die Augen, danach schaute er wieder auf den Pass, nur um kurz darauf wieder den Unglückseligen, den er vor sich hatte, anzustarren, was sich mehrfach wiederholte. Zudem mussten wir angeben, was wir alles dabeihatten, vor allem Wertobjekte, einschließlich des Eherings. Nach knapp vier Stunden war dieses nervenaufreibende Theater endlich vorbei, und in meinem Pass wurde eingetragen: »35 Reisende, davon 3 Mitbegleiter«.

Wir blieben eine Woche in Ostberlin und sahen das, was unsere ›Aufpasser‹ uns sehen ließen. Es war nämlich keineswegs so, dass wir uns frei bewegen konnten. Wohin wir auch gingen, folgten uns zwei Herren in dunklen Lederjacken, die darauf achteten, dass wir nicht vom rechten Weg abkamen, und zwar nicht nur während des offiziellen Programms, sondern auch in der ›freien‹ Zeit, die uns gewährt wurde. Großen Eindruck machte auf mich unter anderem eine Baustelle, auf der das Gerüst aus Holz war und die Maurer den Mörtel mit der Hand anrührten: ein Bild der Zurückgebliebenheit, das sich mit der Modernität biss, an die ich in Westdeutschland gewöhnt war, und das mich an den Entwicklungsrückstand in Süditalien erinnerte. Eine andere unangenehme Erinnerung ist der beißende Kohlegeruch, den man überall wahrnehmen konnte. Der Zustand der Straßen war erbärmlich. Und das war die Situation an den Orten, die man uns zu sehen erlaubte. Bei der Rückreise wiederholte sich an der Grenze das Schauspiel der langwierigen ›Sicht‹-kontrolle. Damals begann ich dieses System, das vorgab, sich für Gleichheit und den Kampf gegen die Ausbeutung des Menschen einzusetzen, bis ins Innerste zu verstehen und zu hassen: Es gab darin keine Gleichheit, es gab darin keine Freiheit, es gab darin keine Menschlichkeit.

In den folgenden Jahren bis zum Mauerfall 1989 hatte ich noch weitere Gelegenheiten, die Grenze zwischen den beiden Systemen zu passieren. 1966 zum Beispiel reiste ich mit anderen Betriebsratsmitgliedern nach Westberlin. Da es zur damaligen Zeit noch keine Transitstrecken zwischen Westberlin und der Bundesrepublik gab (das entsprechende Abkommen wurde erst 1971 unterzeichnet), hatte der VW-Betriebsrat Geld für eine Flugreise von Westberliner Kindern und ihren Lehrerinnen und Lehrern gesammelt, damit sie unkompliziert nach Westdeutschland (oder, wie man damals sagte, in den ›freien‹ Teil Deutschlands) kommen und eine Woche Ferien bei uns verbringen konnten. Diese Geldsammlung, die danach zur jährlich sich wiederholenden Tradition wurde, war auf politischer Ebene vor allem von Hugo Bork angeregt worden, der uns andere Betriebsratsmitglieder um Unterstützung gebeten hatte. Als Mitglied des Sozialausschusses war ich dann bei deren Aufenthalt als Betreuer für die Westberliner Kinder dabei. Wir besichtigten das VW-Werk, fuhren nach Celle und in andere benachbarte Orte, organisierten Feste. Im selben Jahr noch lud uns der Westberliner Senat zum Dank zu sich ein. Auch wir nahmen dieses Mal das Flugzeug, um uns die unangenehmen Erfahrungen bei der Grenzkontrolle zu ersparen. Es war sehr schön, die Schulen kennenzulernen, aus denen die Kinder kamen, die wir in Wolfsburg beherbergt hatten, doch auch diese Reise konfrontierte mich mit einer Absurdität: der einer abgeschotteten Stadt, eingeschlossen von der DDR und zu einer paradoxen Existenz gezwungen aus dem westlichem Trotz, einen Vorposten auf sowjetisch kontrolliertem Gebiet ›besitzen‹ zu wollen.

Einige Jahre später reiste ich in die Sowjetunion und hatte in Moskau und Leningrad Gelegenheit, die Umsetzung des Kommunismus in seinem Ursprungsland zu erleben. Zwar war dies eine Gruppenreise, aber Frieda und ich beschlossen, uns ein Taxi zu nehmen und aus dem Moskauer Zentrum herauszufahren, um ›mehr‹ zu sehen. Ich erklärte dem Taxifahrer: »Raus aus Moskau.« Er machte mir ein Zeichen, dass er nicht verstand. Ich nahm ein Blatt Papier und versuchte ihm anhand einer Zeichnung verständlich zu machen, dass wir den Stadtrand besuchen wollten, aber auch das funktionierte nicht. Wir wussten, dass manchmal nur etwas Bestechung half, um das zu erreichen, was man wollte. Deswegen hatten wir Nylonstrümpfe, Kugelschreiber und Kaugummi dabei. Ich versuchte es mit den Strümpfen, aber erreichte gar nichts. Am Ende zog ich zehn D-Mark hervor … und der Typ begann auf Deutsch zu reden! Er war ein Lehrer, der in seiner Freizeit Taxi fuhr. Ich erklärte ihm erneut, dass wir die Umgebung Moskaus sehen wollten. Er antwortete mir, dass er das von Anfang an verstanden hätte, aber seine Taxizulassung nur für das Zentrum gelte. Als er jedoch begriff, dass er uns vertrauen konnte, meinte er: »Riskieren wir's.« Wir fuhren ungefähr 30 Kilometer aus Moskau raus. Was ich dort sah, war die totale Katastrophe: heruntergekommene Wohnhäuser, Verfall, Armut. Ich erinnere mich an eine Frau, die mit einer Blechschüssel Regenwasser aus den Schlaglöchern schöpfte. Das erinnerte mich an meine eigene Kindheit, in der ich manches Mal direkt aus einer Pfütze getrunken hatte, wenn gerade kein anderes Wasser in der Nähe war. Moskau hingegen war schillernd, modern, mit einem Traum von Untergrundbahn, mit dem Bolschoi-Theater und dem Roten Platz. Doch auch im Herzen der Stadt konnte man Anzeichen von Armut entdecken. In unserem Hotel gab es auf jeder Etage eine Frau für den Gästeservice, und wir hatten uns mit der auf unserer Etage angefreundet. Ich schenkte ihr einige der Pullis, die ich dabeihatte. Allerdings musste man aufpassen, dass man dabei nicht erwischt wurde, denn dadurch wären die strengen Kriterien der sowjetischen Gleichmacherei gefährlich verletzt worden, mit dramatischen Konsequenzen für alle Beteiligten. Also kam sie in unser Zimmer mit einer Decke, worin ich einwickelte, was ich ihr geben wollte, und sie schaffte es verstohlen weg. Ich werde nie die Freude und die Dankbarkeit vergessen, die sich jedes Mal auf ihrem Gesicht zeigte, wenn eine dieser geheimen Übergaben ausgeführt wurde. Dieser Gesichtsausdruck war für mich der Beweis für die Unzufriedenheit und das Leid, das viele Menschen unter dem kommunistischen Joch durchmachten. Am Ende der Reise zeigte uns auch unser Stadtführer mit seinem bescheidenen Wunsch, an welche Entbehrungen die Bürger der Sowjetunion gewöhnt waren. Denn als wir ihn fragten, über welches Geschenk unserer Gruppe er sich als Zeichen unseres Dankes freuen würde, war seine Antwort lediglich: »Ein Kofferradio.«

1986 war ich Teil einer Delegation des Deutschen Gewerkschaftsbunds (DGB), der von seiner ostdeutschen Entsprechung, dem Freien Deutschen Gewerkschaftsbund (FDGB), zu einem Treffen nach Ostberlin eingeladen war. Das gesamte Treffen über hatte ich den Eindruck, dass die Gewerkschaft im Osten weder mitreden durfte noch irgendwas zu sagen hatte. So bestärkte mich auch dieser Besuch in meiner Überzeugung, dass sich der Kommunismus inzwischen seit geraumer Zeit in eine Diktatur verwandelt hatte.

Dann fiel die Mauer: Eine friedliche Revolution führte bis zur deutschen Wiedervereinigung und löste allgemeine Euphorie aus. Der Enthusiasmus hielt jedoch nicht lange vor. Die Menschen aus der ehemaligen DDR begannen gegen ›unser‹ System zu protestieren. Sie fanden keine Arbeit oder wurden, wenn sie welche fanden, schlechter bezahlt. In der DDR hingegen hatte jeder eine Arbeit gehabt. Der Zusammenbruch des Kommunismus[37] hatte Demokratie und Freiheit gebracht, die den Geist nähren, aber der Hunger lässt sich nicht mit Worten und Idealen stillen. Mit der Zeit haben sich die Verhältnisse langsam verbessert, aber noch heute sind in den sogenannten ›neuen‹ Bundesländern die Löhne niedriger und die vertraglich garantierten Leistungen weniger günstig als in den ›alten‹ Bundesländern. Ein weiteres Beispiel dafür, dass die zuletzt Hinzugekommenen stärkerer Ausbeutung un-

Bei seinem Besuch des VW-Werks am 18. September 1992 wurde Michail Gorbatschow ein herzlicher Empfang bereitet. Ich wurde ihm von Dr. Carl Hahn, dem Vorstandsvorsitzenden von Volkswagen, vorgestellt und war sehr erfreut, ihn persönlich begrüßen zu können.

terworfen und erpressbarer sind. Es ist das klassische Spiel mit der Arbeitskraft: Wo sie billiger ist, verdient das Kapital.

Der Kommunismus: eine gute Idee vielleicht, aber auf unmenschliche Weise umgesetzt. Nach unseren Reisen nach Ostberlin kamen wir zu einem sehr kritischen Urteil über das sowjetische System, das seine Bürger polizeistaatsmäßig überwachte und zynisch deren Arbeitskraft ausbeutete, alles im Namen der Allmacht der Partei (bzw. ihrer Funktionäre). Angesichts dieser Erfahrung dankte ich dem Himmel, dass ich in einem Land leben durfte, wo die Verhältnisse ganz anders waren. Heute bin ich mir dessen nicht mehr so sicher, denn mir scheint, dass sich eine neue und heimtückischere Form der Abhängigkeit des Individuums durchgesetzt hat, nämlich die vom kapitalistischen Entwicklungsmodell. Damals ›im Osten‹ war man eine Spielfigur, die vom

Apparat bewegt wurde, heute ›im Westen‹ ist man Marionette eines Wirtschaftssystems, das Konsumenten braucht. Damals, in jenem anderen Teil, hat die Partei alles kontrolliert, heute ist es überall der Markt. Das Ziel bleibt das Gleiche: Die Herrschaft weniger über das Bewusstsein vieler. Trotz aller demokratischen Errungenschaften glaube ich, dass wir in Europa noch weit entfernt davon sind, in einem Zustand echter Freiheit zu leben.

Der Fall Fiat: vermeidbare Fehler, nachahmenswertes Vorbild?

1980 kam es zu dem berühmten 35-tägigen Konflikt zwischen dem Automobilwerk Fiat und den italienischen Gewerkschaften, den letztere mit dramatischen Folgen für die Arbeitnehmer und die Arbeiterbewegung verloren. Losgegangen war alles am 11. September, als Fiat angekündigt hatte, fast 15.000 Beschäftigte zu entlassen und ein erbitterter Arbeitskampf zwischen dem Unternehmen und dem Betriebsrat entbrannte. An den Fabrikeingängen waren sofort Streikposten aufgestellt worden, um niemanden mehr auf das Werksgelände gelangen zu lassen. Nach 35 Tagen Streik voller Streikpostenschichten und Demonstrationen marschierten am 14. Oktober 1980 40.000 mittlere und höhere Angestellte von Fiat auf, um die Rückkehr zur Normalität zu fordern: eine noch nie dagewesene Situation, die den Protest irreparabel schwächte und die Gewerkschaftsführer dazu brachte, die Bedingungen des Unternehmens zu akzeptieren. Es war eine epochale Niederlage, die langfristige Folgen für die Rolle der Gewerkschaften in Italien haben sollte.

Als ich ein paar Jahre später zusammen mit Vertretern der VW-Unternehmensleitung und des VW-Betriebsrats zu einer Betriebsbesichtigung nach Turin fuhr, spielten die Gewerkschaften praktisch keine Rolle mehr. Wir verstanden, wie zynisch es von Fiat gewesen war, die Gewerkschaft mit ihren eigenen Waffen zu schlagen. Insbesondere die kommunistisch orientierte Gewerkschaft war in den 35 Tagen unnachgiebig gewesen und hatte den Anspruch gehabt, einseitig Lösungen für die Arbeiter zu beschließen und sie dem Unternehmen aufzuzwingen, anstatt nach einem Kompromiss zu suchen. Fiat hingegen hat die Situation geschickt ausgenutzt und die Angestellten gegen die Arbeiter aufgewiegelt, Anzugträger gegen Blaumänner. Das war Erpressung: Bis dahin waren es schließlich die Kommunisten gewesen, die gehandelt hatten, indem sie auf die Straße gegangen waren, um für den Erhalt ihrer Arbeitsplätze zu demonstrieren, und die sogar die Fabrik besetzt und die Produktion angehalten hatten. Jetzt hingegen – so mahnte Fiat – seien es die Angestellten, die gegen die Fabrikbesetzung durch die Arbeiter protestieren müssten, um den Zusammenbruch des Unternehmens zu verhindern, ihre Arbeitsplätze zu retten und ihre Gehälter weiter zu beziehen. Der Kampf war nicht mehr gegen das Unternehmen gerichtet, sondern fand zwischen den beiden Beschäftigtengruppen statt: ein Beispiel für »teile und herrsche«, wie es im Lehrbuch steht. Die Gewerkschaften gaben nach und hatten danach bei Fiat nichts mehr zu sagen. Auch die Arbeitnehmer wollten von den Gewerkschaften nichts mehr wissen.

In unserem offiziellen Besuchsprogramm gab es ein Treffen mit Vertretern des Unternehmens und mit Gewerkschaftern, in dessen Verlauf Letztere kein Wort sagten. Es war ein sprechendes Bild für die Schwäche der Arbeitnehmer und derjenigen, die die Aufgabe hatten, sie zu verteidigen. Die Zahl der Gewerkschaftsmitglieder, so erfuhren wir bei Einzelgesprächen, war bescheiden, eine radikal andere Situation als bei der IG Metall in Wolfsburg. Zudem arbeiteten wir bei VW seit Jahren mit der Unternehmensleitung über die Mitbestimmung zusammen. Wir hatten bereits die Überzeugung entwickelt, dass man mit Unnachgiebigkeit und blinder Opposition nichts erreicht. In Turin wurde uns die Angemessenheit unserer Position vor Augen geführt, denn wir erlebten, was passiert, wenn man einen Protest im Vertrauen auf eine Stärke durchführt, die man eigentlich nicht besitzt. Wir verstanden, dass ideologische Verbohrtheit, die Vermittlung ablehnt, nicht nur die vorgesehenen Ziele verfehlt, sondern offensichtlich auch selbstzerstörerische Folgen hat.

In Turin nahmen wir außerdem zur Kenntnis, dass Fiat, als die Zeit der Kämpfe vorbei war, eine Periode eines offensichtlichen Aufschwungs erlebte, auch dank einer neuen Art und Weise, die Produktion zu organisieren. Sie basierte darauf, einen Teil der Arbeit an externe Firmen auszulagern, häufig sogar an einzelne Familien. Von Zeit zu Zeit sahen wir in die Arbeitsbereiche einen Lieferwagen kommen, der eine

Kiste mit montagebereiten Teilen brachte. »Alles Teile, die in Heimarbeit hergestellt wurden«, erklärte man uns und fügte hinzu: »Das senkt die Kosten und macht die Produktion effizienter.« Die Verträge mit den Auftragsfirmen und den Familien waren nämlich zeitlich befristet, was ein starker Anreiz war, zuverlässig in der Ausführung und pünktlich in der Lieferung zu sein. Beides waren Voraussetzungen für die Vertragserneuerung vonseiten des Kapitals, das am längeren Hebel saß.

Nach den Erfahrungen in Turin verwirklichte VW etwas Ähnliches und revolutionierte damit die Produktion. Diese Revolution wurde den Bürgern politisch ›verkauft‹, indem man ihnen erzählte, dass VW zu diesem Vorgehen ›verpflichtet‹ sei, denn man sei gezwungen, die Arbeit im Werk zu reduzieren, damit mit den neuen Technologien viele Verfahren automatisiert und robotisiert werden könnten. Man wolle jedoch die Arbeitsplätze erhalten. Da bis dahin die kleineren Autoteile von anderen Unternehmen in verschiedenen deutschen Städten, darunter München, hergestellt worden waren, beschloss VW, diese Teile von nun an in Hallen rund um das Hauptwerk von den entlassenen Arbeitskräften produzieren zu lassen, die mit einem neuen befristeten Arbeitsvertrag und zu einem geringeren Lohn eingestellt wurden. Für die Verwaltung dieser neuen ausgelagerten Produktionstätigkeiten wurden neue Unternehmen gegründet, die natürlich alle von VW abhängig waren, wie Autovision. Das Unternehmen machte auf diese Weise deutlich, dass es sich engagierte, um Arbeitsplätze zu erhalten. Alle glaubten diesen Erklärungen. Die Gewerkschaften in Deutschland beteiligten sich an diesem ›Prozess‹, den sie als das kleinere Übel betrachteten, um Entlassungen und Arbeitslosigkeit zu vermeiden. In einer so heftigen Umbruchphase wollte man, auch angesichts dessen, was in Italien passiert war, einen fruchtlosen und potenziell für die Arbeitnehmer gefährlichen Arbeitskampf vermeiden und stattdessen vernünftige Lösungen für die Probleme suchen. Wer heute in Deutschland in einer der Fabriken arbeitet, die rund um VW entstanden sind, hat zwar weniger vertragliche Garantien, aber wenigstens Arbeit, und meiner Meinung nach wurde damit im Zeitalter der technologischen Arbeitslosigkeit gerettet, was zu retten war.

Aktiv in der Lokalpolitik

Als ich bei den Kommunalwahlen 1996 für die SPD in Bokensdorf kandidierte, erhielt ich zu meiner Überraschung mehr Stimmen als der Bürgermeisterkandidat auf derselben Liste. Trotz der Aufforderung einiger Parteigenossen, aus diesem Wahlergebnis die entsprechenden Konsequenzen zu ziehen, glaubte ich, dass die Übernahme des Bürgermeisteramtes Diskussionen und Unverständnis verursachen würde. Es schien mir angemessen, nicht über die Position des Gemeinderats (für die ich kandidiert hatte) hinauszugehen, denn meiner Meinung nach wurden auf diese Weise bestimmte Gleichgewichte berücksichtigt, und man vermied zudem, dass das von jemandem als Provokation aufgefasst werden konnte. Schließlich war es das erste Mal, dass Ausländer bei den Kommunalwahlen kandidieren durften. Von meiner Seite aus war das ein Akt des guten Willens, der zur Entspannung beitragen sollte, aber die Antwort des neu gewählten Bürgermeisters und seiner engsten Mitarbeiter zeigte ein ganz anderes Verhalten. Vom ersten Moment an bemerkte ich unverhohlene Feindseligkeit und einen gewissen Widerstand gegen meine Vorschläge. Ich begann zu glauben, dass diese Verschlossenheit mir gegenüber die Folge des schlechten Wahlergebnisses war: Für einen Bürgermeister, der vier Mal wiedergewählt worden war, war es wahrscheinlich nicht einfach zu akzeptieren, dass er stimmenmäßig von einem Gemeinderatskandidaten überholt worden war, der sein Parteigenosse und darüber hinaus auch noch ein ›Italiener‹ war.

Mein Wunsch, mit meinen Mitteln zum Wohlergehen der Gemeinde beizutragen, drückte sich in zahlreichen Vorschlägen und Anträgen aus: Es ging um einen halbjährlichen Bericht über die Gemeindefinanzen, einen Änderungsantrag für die Zulassung von Neubauprojekten, den Bau eines Begegnungszentrums für Jugendliche und Senioren am Spielplatz Berliner Ring, Straßensanierung, Friedhofsarbeiten, die Bildung eines Seniorenarbeitskreises zur ehrenamtlichen Unterstützung der Gemeindearbeit und anderes. Einige wurden mit sehr großer Langsamkeit bearbeitet, andere völlig blockiert. Mich überraschte die Tatsache, dass Arbeiten, die keine Kosten verursacht hätten, nicht freigegeben wurden. Einige sollten nämlich von dem zu gründenden ehrenamtlichen Seniorenarbeitskreis ausgeführt werden, zu anderen hatte ich mich selbst bereit erklärt. Ich war Teil eines absurden Theaters: Es wurden Vorschläge vorgebracht, die zum Wohl der Bürger und ohne Kosten für die Gemeinde waren, doch die Politik verschob die Ausführung, um zu diskutieren, abzuwägen, zu beschließen. Eine solche Vorgehensweise war ich nicht gewöhnt.

Wenn im Betrieb etwas geändert werden sollte, dann verhandelte der Betriebsrat direkt mit der Unternehmensleitung und man praktizierte die volle Mitbestimmung. Im Gemeinderat hingegen, wenn es zum Beispiel um einen Beschluss zum Bau oder zur Instandhaltung öffentlicher Gebäude geht, sind die Entscheidungsverfahren komplexer und erfordern nicht nur die Zustimmung der Ratsmehrheit, sondern auch eine öffentliche Ausschreibung mit wenigstens drei Angeboten von unterschiedlichen Firmen. Dieses Verfahren soll unantastbare Transparenz ermöglichen und gleichzeitig garantieren, dass die Gemeinde das günstigste Angebot nutzt, aber leider ist es oft beeinflussbar. Die Politik der Worte besteht aus Spielen, in denen nicht notwendigerweise der Bürger gewinnt: Es sind Parteispiele, bei denen es um Interessen, Allianzen, persönliches Prestige und teilweise auch um Neid geht.

Als sich zum wiederholten Male etwas ereignete, das ich als ›schlechte Politik‹ betrachtete, reichte es mir. Es ging dabei um einen schriftlichen Antrag an den Gemeinderat, in dem ich für einen Straßenbau, der auf mein beharrliches Drängen hin beschlossen war, eine alternative und günstigere Lösung für die Ausführung vorschlug. Zu meinem großen Befremden wurde mein Antrag auf der Sitzung, wo er eigentlich hätte auf der Tagesordnung stehen müssen, nicht diskutiert, nicht einmal erwähnt. Daraufhin trat ich im Februar 1998 zurück, mit der Wut desjenigen, der sich gegenüber gewissen finsteren Machenschaften ohnmächtig fühlt. Ich ging zum Bürgermeister und sagte ihm klar und

Eine große Ehre bedeutete für mich die Einladung zum traditionellen Neujahrsempfang auf Schloss Bellevue, bei dem ich 1994 vom Bundespräsidenten Richard von Weizsäcker und seiner Frau Marianne begrüßt wurde.

deutlich, was ich von dieser Art, Politik zu machen, hielt. In einem offenen Brief an meine Bokensdorfer Mitbürger entschuldigte ich mich, dass ich »das in mich gesetzte Vertrauen nicht erfüllen« konnte, erläuterte meinen Rückzug und bedankte mich für ihre Unterstützung während meiner Amtszeit.

Die Enttäuschung über die Entdeckung (oder besser die Bestätigung), wie bestimmte Dinge laufen, war schmerzlich, aber einige Tage später schrieben Bokensdorfer Bürger einen Solidaritätsbrief an den Bürgermeister, in dem sie unverzügliche Aufklärung über das Vorgefallene verlangten. Die vielen Unterschriften am Ende des Briefes zu lesen, machte die vorzeitige Beendigung meiner ersten Erfahrung in der Politik weniger bitter. Und bei den darauffolgenden Wahlen bat die Partei sogar erneut um meine Kandidatur, dieses Mal nicht nur für Bokensdorf, sondern auch für die Samtgemeinde[38]. Zunächst war ich skeptisch, aber schließlich akzeptierte ich, um meinen Beitrag zu einer Gemeinde zu leisten, die mir ihre deutliche Zustimmung zu dem, was ich in der vorangegangenen Legislatur gemacht hatte, gezeigt und mich im Augenblick meines Rückzugs unterstützt hatte. Nach meinem zweiten Mandat habe ich dann allerdings nicht wieder kandidiert.

Bindungen, Museen, Schulen

Die Verbindung zu meiner Heimat habe ich über Gegenstände gehalten, die ich im Lauf der Jahre gesammelt habe, Dinge, die zur bäuerlichen Tradition gehören, vor allem Werkzeuge, wie Hacken, Hämmer, Schaufeln usw. Ich habe davon so viele gesammelt, dass ich mehr als einmal gebeten wurde, sie für Ausstellungen zur Verfügung zu stellen. Die erste fand vor vielen Jahren im Centro Italiano in Wolfsburg statt, und am Ende äußerte der Bürgermeister den Wunsch, dass diese Gegenstände dem Stadtmuseum geschenkt würden. Ich war damit einverstanden, aber zu meiner Überraschung hat sich dann niemand mehr gemeldet. Danach wurde eine Ausstellung beim sardischen Kulturverein und in der Folge eine beim Stadtmuseum selbst durchgeführt. Auch bei dieser teilte mir die Ausstellungskuratorin mit, dass das Museum an einem Teil der ausgestellten Objekte interessiert sei. Ich erklärte mich zum zweiten Mal einverstanden, aber erneut kam es zu keinen weiteren Kontakten.

Als hingegen das Haus der Geschichte[39] in Bonn 2014 seine Ausstellung »Immer bunter. Einwanderungsland Deutschland« vorbereitete, ging alles sehr schnell. Auf der Suche nach Ausstellungsobjekten durchstreiften die Wissenschaftler die Stadtmuseen halb Deutschlands und kamen dabei natürlich auch nach Wolfsburg, wo sie von meiner Geschichte erfuhren. Eines Tages erhielt ich einen Anruf von Prof. Hanno Sowade vom Haus der Geschichte, der mir mitteilte, dass er an meiner ›Gastarbeiter‹-Geschichte sehr interessiert sei. Wir verabredeten ein Treffen und verbrachten einen angenehmen Tag bei mir zu Hause. Nachdem er all das Material gesehen hatte, das ich aufbewahrte, nicht nur die ›apulischen‹ Werkzeuge, sondern auch die gesamte Dokumentation, die meine Arbeit bei VW betraf, sagte er mir, dass das Haus der Geschichte gern mein gesamtes Archiv in seinen Bestand übernehmen würde. Er erklärte mir, dass es nach der Katalogisierung für alle frei zugänglich wäre. Ich besprach mich mit Frieda,

Bei der Übergabe meiner Dokumente und Materialien ans Haus der Geschichte in Bonn im Jahr 2014. Hier im Bild zeige ich einen der Pappkoffer, mit denen ich mich 1958 auf die Reise gemacht hatte. Im Hintergrund sieht man eines der Weihnachtsmannkostüme, das ich während der im Congress Park Wolfsburg veranstalteten internationalen Weihnachtsfeiern getragen habe. Rechts von mir Dr. Dietmar Preißler, der Sammlungsdirektor des Museums. Links von mir Prof. Hanno Sowade, wissenschaftlicher Mitarbeiter, sowie Dr. Helene Thiesen, wissenschaftliche Mitarbeiterin.

und wir kamen zu dem Schluss, dass das gesamte Material, wenn es bei uns zu Hause bliebe, früher oder später verloren ginge. Ich gab also meine Zustimmung. Ein LKW kam, um Gegenstände und Dokumente abzuholen und nach Bonn zu bringen. Nach einigen Tagen erhielt ich einen Anruf der Stadt Wolfsburg: Mit gehöriger Verspätung baten sie mich um das Material, das in den Ausstellungen gezeigt worden war. Ich sagte ihnen, dass es nun zu spät sei. Wie paradox: Die Stadt hatte eine riesige Menge an Zeugnissen aus erster Hand zur Lokalgeschichte in Reichweite und hat sich diese Gelegenheit entgehen lassen!

Als ich nach Bonn fuhr, um die Lieferung des Materials zu bestätigen, wurden weitere Wünsche geäußert: So wurde ich gefragt, ob es möglich wäre, Möbelstücke wie Schränke oder Betten aus den Unterkünften der Siedlung Berliner Brücke zu besorgen. Ich konnte nichts versprechen, außer mich umzuhören und ein paar Nachforschungen anzustellen. Glücklicherweise erinnerte ich mich an einen Sarden, der Bett, Lattenroste und einen Tisch aufgehoben hatte. Andere Gegenstände, darunter ein Kühlschrank und eine Bettdecke, bekam ich nicht ganz ohne Schwierigkeiten in Wolfsburg, indem ich die richtigen Leute ansprach. Mit den wiedergefundenen Gegenständen wurden zwei Ausstellungen in Wolfsburg organisiert, nach deren Ende mich VW verblüffte, als sie mich um das gesamte Ausstellungsmaterial baten. Man wollte nicht, dass es dem Haus der Geschichte übergeben würde! Ich hatte jedoch den Leuten in Bonn mein Wort gegeben. Also versuchte ich, weiteres Material zu besorgen, um alle zufriedenzustellen. Schließlich gelang es mir, zusätzliche Gegenstände aus Sardinien zu beschaffen. Als Zeichen der Anerkennung für diese Hilfe schlug ich vor, damit eine Ausstellung beim sardischen Kulturverein in Wolfsburg zu veranstalten. Nach dieser Ausstellung wurde ein Teil des Materials an VW und ein weiterer Teil der IG Metall übergeben.

Ich kann nicht umhin, mich zu fragen, wieso Menschen mit einer fundierten Kultur es nicht, oder erst sehr spät, verstehen, dass es in Veränderungs- und Übergangszeiten notwendig ist, die Erinnerung an das zu bewahren, was man hinter sich lässt, indem man die Sachen aufhebt, die uns eines Tages an die Welt erinnern können, die es nicht mehr gibt. Man muss die Gunst der Stunde nutzen und darf sich nicht aus Leichtfertigkeit wichtige Gelegenheiten entgehen lassen, um die Spuren dessen, was wir gewesen sind, zu bewahren.

Auch deshalb habe ich die Werkzeuge aus der bäuerlichen Tradition gesammelt und tue dies immer noch: Meine ganze Kindheit und einen großen Teil meiner Jugend über sind sie beständige Begleiter meines Lebens gewesen. Damals hasste ich sie mit ganzem Herzen. Ich sagte mir: »Die Hacke will ich nicht mehr sehen. Ich hau ab und komme nicht mehr zurück.« Und ab ging's nach Deutschland, in dem Glauben, die Vergangenheit hinter sich zu lassen, in dem Glauben, vergessen zu können. Aber das Leben ist anders, es erlaubt dir dies nicht, und nach einer Zeit siehst du eine Hacke, Erinnerungen tauchen auf, und du denkst: »Damit habe ich gearbeitet.« Du sprichst mit Leuten, die dich nach deiner Vergangenheit fragen, nach dem, was du in Italien gemacht hast. Du versuchst das zu erklären, aber dein Gegenüber versteht es erst dann, was du meinst, wenn du ihm das Werkzeug zeigst, das du gerade beschrieben hast. Darum hatte ich den Wunsch, die Werkzeuge zu retten, mit denen ich gearbeitet habe, inklusive derer, die ich in Deutschland benutzt habe, wie zum Beispiel die Forken zum Aufladen von Kartoffeln und Zuckerrüben, die es inzwischen kaum noch gibt. Mir ist es jedoch gelungen, welche zu besorgen, die schließlich auch in Bonn gelandet sind. Ich habe nicht damit begonnen, das alles zusammenzusammeln, um es in Ausstellungen zu geben, sondern nur, weil ich denjenigen, die mich gefragt haben, direkt verständlich machen wollte, welche Art von Arbeiten ich verrichtet habe. Der Auslöser war, dass ich begreiflich machen wollte, mit welchen Geräten ich mir, wie viele andere auch, mein Brot verdient habe: ein schweißgetränktes Brot, das ich unter vielen Mühen erhalten habe, aber das mich hat überleben lassen. Der Hass ist schließlich verschwunden, und die Hacke benutze ich weiterhin in meinem Garten. Noch heute bin ich auf der Suche nach weiteren Geräten, und ich finde immer wieder neue. Aus den gleichen Gründen habe ich den Trullo meiner Eltern nie verkauft, und zwar nicht nur, weil ich die großen Opfer, die sie gebracht

Auch ein Traktor kann einen hohen symbolischen Wert haben! Dieser – ein Porsche, der noch immer funktioniert! – gehörte dem Bauern, bei dem wir damals in Bokensdorf gearbeitet haben. Das obere Bild mit meinem Bruder Pietro stammt von 1957, das untere Bild mit mir ist 2022 aufgenommen, nachdem ich ihn dem Sohn des Bauern für einen symbolischen Euro abgekauft habe. Der Traktor verbindet mich mit meiner Ankunft in Deutschland und meinen Anfangsjahren in der Landwirtschaft, er steht aber auch für die andauernde Beziehung zur Familie meines ersten Arbeitgebers, die stets von gegenseitigem Respekt und großer Hilfsbereitschaft geprägt war.

haben, um ihn zu erwerben, nur allzu gut kenne, sondern auch weil er das Zeugnis für eine nicht mehr praktizierte Bauweise ist, die aus vielen Fertigkeiten bestand, vom Aushub des Kellers bis zum Setzen des Pinakels, der Schlussverzierung auf der Spitze des Kegels.

Frieda meint oft: »Hör auf damit jetzt!« oder »Warum tust du das?« Ich mache das nicht für mich. Ich möchte, dass die Menschen verstehen, dass der heute in Europa – bei aller Widersprüchlichkeit – weit verbreitete Wohlstand das Ergebnis von Entbehrungen und Opfern ist, zu denen andere in der Vergangenheit gezwungen waren. Ich möchte, dass junge Menschen begreifen, dass der Zustand der relativen Unbeschwertheit, in dem sie leben können, ihre Altersgenossen in früheren Jahrzehnten bittere Erfahrungen gekostet hat. Ich glaube, dass es unsere Aufgabe ist, das Erreichte nicht mit Füßen zu treten, und der können wir vor allem nachkommen, wenn wir es nicht als selbstverständlich betrachten, sondern uns der Schulden bewusst werden, die wir bei der Vergangenheit haben.

Nach einem verheerenden Krieg hat in der zweiten Hälfte des letzten Jahrhunderts ein enormes Heer an zerlumpten Arbeitern einen weiteren Krieg gekämpft: einen lautlosen gegen die Armut, zuerst mit der Hacke in der eigenen Heimat, dann in der Emigration. Wir untergraben ihre Bemühungen und beleidigen ihr Andenken, wenn wir das, was wir heute haben, nicht in vollem Umfang schätzen. Doch wenn ich mich umschaue, ist es das, was im Verhalten vieler sichtbar zu sein scheint: Unzufriedenheit und der Wunsch nach immer mehr.

Die jungen Leute des alten Kontinents sollten auch die Möglichkeiten, die sie zum Schulbesuch haben, mehr schätzen, denn dieser ist das einzig wahre Mittel zur Emanzipation. Als ich in Deutschland ankam, war mein kulturelles Gepäck dürftig. Für meine Arbeit als Übersetzer war ich gezwungen, die exakten Begriffe zu lernen. »*Bottone (Knopf)*«, sagte ich, wobei ich den Dialektausdruck ins Italienische übersetzte, weil ich das Wort »*pulsante (Schalter)*« nicht kannte. Ich lernte von Menschen, die eine Kultur hatten, wobei ich jede Gelegenheit dazu nutzte. Trotzdem habe ich auch heute noch Schwierigkeiten, wenn ich jemanden treffe, der eine hohe Bildung hat und ein perfektes

Mein letzter Arbeitstag bei VW am 20. Dezember 1993 – auf dem Weg nach Hause.

Hoch-Italienisch spricht. Ich muss dann sehr aufmerksam zuhören, denn einige Worte kenne ich nicht, und manchmal fällt es mir schwer, den Zusammenhang zu verstehen. Das passiert, weil ich mein Italienisch auf der Straße gelernt habe, und wie hätte ich ›Hoch-Italienisch‹ durch den Besuch einer Abendschule lernen sollen?

In diesem Zusammenhang muss ich an eine kuriose Begebenheit denken. Eines Tages brachte mich Onkel Angelo (der Onkel mit den Explosionen) zu einem Wahrsager, um zu erfahren, was die Zukunft für mich bereithielt. Als wir in der verwunschenen Höhle des Zauberers ankamen, sah ich, wie er in der Dunkelheit ein großes Buch öffnete, das auf einem alten Tisch lag, und einige Seiten durchblätterte, wobei er die Lektüre mit Gesten von kalkulierter feierlicher Erhabenheit begleitete. Am Ende prophezeite er mit visionärer Zuversicht, dass ich eine leuchtende Zukunft vor mir hätte. »Du wirst Karriere machen«, sagte er in orakelhaftem Ton und fügte dann mit mahnendem Blick hinzu: »Aber du musst lernen, lernen, lernen!« Unter diesem Gesichtspunkt hatte er recht, ich hätte lernen müssen: Wenn ich die Möglichkeit gehabt hätte, hätte ich das gern getan. Stattdessen arbeitete ich weiter bei Onkel Angelo und träumte von einer besseren Zukunft. Die Vorhersage hat sich dann allerdings doch bewahrheitet: Die Zukunft ist mir, trotz allem, wohlgesinnt gewesen, indem sie mir Möglichkeiten eröffnet und oftmals Glück geschickt hat. Ich sehe bei mir nur das Verdienst, dass ich die Gelegenheiten, die ich bekam, beim Schopfe gepackt habe, auch wenn das manchmal mit einem großen Opfer verbunden war. Ab und zu kehre ich mit meinen Gedanken zu dieser Episode zurück und lächle bei dem Gedanken, dass sich die vage Vorhersage eines angeblichen Wahrsagers in die reale Zukunft eines pragmatischen Mannes verwandelt hat.

Epilog: Wer bin ich?

Es gibt eine Redewendung, die besagt: »Heimat ist arm, aber warm.« Das ist es, was die Emigranten verzehrt: die Dringlichkeit zweier unerbittlicher Bedürfnisse, nämlich das nach Erlösung von einer elenden Existenz, die in einem neuen Land, das materiellen Wohlstand verheißt, erreicht werden soll, und das nach der heilenden Wärme der Heimat, Schoß und Wiege der Erfahrungen, die im Leben am meisten zählen. Der Emigrant hat zwei verschiedene Arten von Durst, für die er aus zwei weit voneinander entfernten Quellen trinken muss. Und das ist das Problem.

Der Emigrant ist ein Opfer, Beute zweier mächtiger entgegengesetzter Kräfte, die ihn beherrschen, Eisenspan zwischen zwei Magneten, Kompassnadel, die ohne Halt hin- und herschwebt im Magnetsturm, der von zwei Polen ausgelöst wird, die seiner Existenz Orientierung geben, indem sie sie desorientieren. Wie schön wäre es, könnte die zerrissene Rastlosigkeit dieses andauernden schmerzvollen Hin- und Herschwingens ihre Balance in einem neutralen Grenzbereich finden, wo sich die beiden Anziehungskräfte aufheben und das Gleichgewicht zur Ruhe kommt. Aber das passiert nicht.

Die Emigration hat mich zu einer gespaltenen Existenz gezwungen, hat mich zu einem Nomaden gemacht, nicht nur geografisch, sondern auch im Geist, im Bewusstsein, im Herzen: Jeden Tag überschreite ich die Grenze, die zwei Kulturen trennt, übertrete ich eine imaginäre Linie, die zwei Sprachen unterscheidet. Ich bewege mich pausenlos zwischen zwei äußerst verschiedenen Welten, teile meine Zuneigung zwischen den Lieben in meinen beiden Heimatländern auf. Ich frage mich: Wer bin ich? Bin ich meine Vergangenheit, die meine Gegenwart beherrscht? Oder bin ich meine Gegenwart, die meine Vergangenheit überwindet? Ja, wer bin ich? Einem Emigranten eine solche Frage zu stellen, bedeutet häufig, noch andere auszulösen: Was träume ich? Sind meine Träume der Ausdruck einer Sehnsucht nach meinem

Herkunftsland? Ja, häufig. In welcher Sprache träume ich? Oftmals auf Deutsch. Der Spalt, der meine Existenz zerreißt, wird nicht einmal in den nächtlichen Streifzügen meines Geistes wieder zusammengefügt.

Manches Mal erfasst mich der Wunsch, definitiv nach Italien zurückzukehren, jedoch ist der Zug, wie ich zu sagen pflege, bereits in eine andere Richtung abgefahren. Mir würde es schwerfallen, mich an eine Situation anzupassen, die sich in der Zwischenzeit radikal geändert hat. Das Italien, in das ich zurückzukehren wünsche, die Heimat, die ich beständig ersehne, ist die von vor sechzig Jahren. Es ist eine Erinnerung, die aus Landschaften, Gerüchen, Klängen und vor allem Gesichtern von Freunden und Verwandten besteht, an die ich oft mit tiefer Sehnsucht denke. Einmal bin ich gefragt worden, mit welchem Bild ich diese Sehnsucht beschreiben würde. Ich habe ohne zu zögern geantwortet: »Ich sehe mich mitten in einem sonnendurchfluteten Olivenhain.«

Durch die Entscheidung meiner Tochter und ihres Mannes tragen meine Enkel meinen Nachnamen, was mir sehr viel bedeutet, denn dadurch wird mein Name hier in Deutschland nicht aussterben. Allerdings muss man auch sagen, dass sie, die in Deutschland geboren und aufgewachsen sind, als Deutsche leben. Sie sprechen ein bisschen Italienisch, vielleicht lernen sie es in der Zukunft noch ein wenig besser, aber ich glaube nicht, dass sie ihren Kindern das kulturelle und sprachliche Erbe, von dem sie abstammen, weitergeben werden, oder nur zu einem sehr kleinen Teil. Das ist unvermeidlich: Sie leben nicht die Zerrissenheit der doppelten Heimat. Annese: Früher oder später wird das nur ein Name, ein Klang, eine alte Geschichte, ein Tropfen Italien sein, der sich im Meer von Deutschland verteilt hat, vorhanden, doch unsichtbar.

Es ist merkwürdig: Schon in Italien wurde ich wegen meiner Pünktlichkeit und meiner Genauigkeit bei der Arbeit ›*il tedesco*‹, der Deutsche, genannt, eine Art Vorwegnahme dessen, was zu meiner schwebenden Identität werden sollte. Das Leben hat überall seinen Preis, und der, den die Emigration dich zu zahlen zwingt, ist gerade dieser

Ein Blick ins Viertel Aia Piccola von Alberobello, in dem ich aufgewachsen bin. Rechts die Eingangstür in den Trullo, in dem wir lebten, als ich nach Deutschland emigriert bin. Diesen Trullo besitze ich heute noch, er dient nicht nur mir, sondern auch meiner Tochter und meinen Enkeln als Unterkunft in den Sommerferien.

Zustand des ewigen Wartens auf ein inneres Gleichgewicht, das nie kommen wird. Und doch kann ich mit Bestimmtheit sagen, dass ich Glück gehabt habe. Innerhalb der zahlreichen Schwierigkeiten, die ich bewältigen musste, war mein Glück die Liebe zu Frieda und dass ich von ihrer Familie aufgenommen wurde. Die Wärme, die Achtsamkeit, die Aufmerksamkeit, die ich bekommen habe, haben mich gerettet. Heute sage ich mir, dass ich, wenn ich in der Zeit zurückginge, unter der Bedingung, auf das gleiche ungewöhnliche Glück zu treffen, dasselbe Leben noch einmal machen würde. Aber wenn mich jemand fragte, ob ich die Migrationserfahrung für so nützlich halte, dass man sie mit vertrauensvollem Schwung angehen sollte, würde ich mit Entschiedenheit antworten: »Ich rate sie keinem. Ich wünsche sie keinem.« Das Glück ist ein zu unbeständiger Verbündeter in den Wechselfällen des Lebens, um auf seine wankelmütige Anwesenheit zählen zu können. Und ich, der ich aus unbegreiflichen Gründen von ihm oft unterstützt wurde, bin der lebende Beweis dafür, denn ich habe den Schmerz derjenigen kennengelernt, denen es nicht zur Seite stand.

In Apulien hat sich in den letzten Jahrzehnten viel zum Guten geändert, es ist längst nicht mehr so rückständig wie damals, als ich es verlassen habe, um mein Glück in Deutschland zu suchen. Die Schulbildung und die Ausbildungsmöglichkeiten haben sich enorm verbessert, aber leider gibt es weiterhin einen großen Mangel an qualifizierten Arbeitsplätzen, die entsprechend bezahlt sind. Auch heutzutage verlassen deshalb viele junge Leute ihre Heimat gen Norden, um sich eine Zukunft in einem anderen Land aufzubauen. Sicher, anders als wir damals haben sie mindestens einen Schul-, wenn nicht sogar einen Universitätsabschluss in der Tasche und sprechen nicht nur Italienisch, sondern oft noch Englisch oder eine andere Sprache. Die Kommunikationsmöglichkeiten sind heute durch das Internet ganz andere, und es gibt günstige Flüge, die den Emigranten Besuche in kürzeren Abständen als uns damals erlauben. Aber den Schmerz darüber, trotz guter Ausbildung keine Zukunftsperspektive in der Heimat zu finden und deshalb weit entfernt von Familie und Freunden mit einer zwischen den Kulturen schwebenden Identität leben zu müssen, den können auch die schnellsten Kommunikations- und Transportmittel nicht vollständig überwinden ...

Deutschland hingegen ist in dieser schwierigen historischen Phase, in der ich dieses Buch abschließe (Januar 2021), das europäische Land mit den meisten Geflüchteten, mehr als eine Million, sie machen den größten Anteil an Zugewanderten auf deutschem Territorium aus. Es ist eine Vielzahl an Existenzen, die auf der Suche nach einem Neubeginn sind, nach dem unglücklich verlaufenen Start im Herkunftsland. In den letzten fünf Jahren hat Deutschland großzügig aufgenommen, aber Aufnahme reicht nicht. Man muss auch etwas für Inklusion und Integration tun, und dafür ist es notwendig, jedes dieser Menschen

Die unbefristete Aufenthaltserlaubnis wurde mir erst 1994 gewährt – 36 Jahre nach meiner Ankunft in Deutschland ...

die Möglichkeit zu geben, vertrauensvoll in die Zukunft zu blicken. Nur Arbeit ist in der Lage, das zu leisten. Ein bedeutender Anteil dieser Schar Exilanten – ungefähr ein Drittel –, von denen die meisten in der Flüchtlingskrise von 2015/2016 angekommen sind, hat heute noch keine Arbeit. Die Anstrengungen der deutschen Regierung, ihrem Motto »Wir schaffen das« treu zu bleiben, sind enorm gewesen und auch in erheblichem Umfang von Erfolg gekrönt gewesen, aber eine so hohe Zahl von Arbeitslosen gibt Anlass zur Sorge. Daran schließt sich der Umstand an, dass diejenigen, die eine Arbeit gefunden haben, oftmals ihre Abschlüsse nicht anerkannt bekamen oder ihre Vorstellungen nicht umsetzen konnten. In der Regel stehen nur gering qualifizierte Aufgaben zur Verfügung, häufig mit befristeten Arbeitsverträgen, die die Motivation abtöten und dazu zwingen, sich in seinen Wünschen zu bescheiden, was ein Gefühl von Unsicherheit und Prekarität erzeugt.

Auf veränderte Weise erklingt auch heute wieder das alte Lied: »Deutschland ist kein Einwanderungsland.« Das ist merkwürdig, denn vertrauenswürdige Statistiken belegen, dass heutzutage wenigstens ein Viertel der deutschen Bevölkerung einen sogenannten Migrationshintergrund hat. Man sollte also versuchen, dieser neuen und komplexen Realität Rechnung zu tragen, indem man weitere Anstrengungen auf politischer, kultureller, pädagogischer Ebene unternimmt, um zu vermeiden, dass die Migranten von heute denselben Leidensweg durchlaufen müssen wie die von gestern – die in der Nachkriegszeit nach dem Zweiten Weltkrieg als vorübergehende Gäste und gern gesehene Hilfskräfte in der Wirtschaft willkommen geheißen wurden, aber mit der Klausel der Vorläufigkeit, die immer für die aufgeschobenen Leben der zuletzt Hinzugekommenen gilt –, um zu verhindern, dass sie die neuen ›Gastarbeiter‹ werden.

Nachwort

Aufmerksamkeit – zwei Begebenheiten

Wolfsburg Hauptbahnhof, 20. Oktober 2017, 12.30 Uhr. Mein Vater Pietro – der Bruder von Lorenzo –, meine Mutter, meine Lebensgefährtin und ich unterhalten uns noch ein bisschen mit Lorenzo, bevor wir uns verabschieden und in den Zug nach Berlin steigen müssen, um von dort weiter nach Apulien zu fliegen. Wir waren nach Deutschland gekommen, um Lorenzos 80. Geburtstag zu feiern. Es kommt mir unnatürlich vor, ihn mit diesem Alter in Verbindung zu bringen: Die jugendliche Energie, die er ausstrahlt, lässt an seinem wahren Geburtsdatum zweifeln.

Der Zug hat Verspätung. Diese in unseren Augen ungewöhnliche und überhaupt nicht deutsche Unpünktlichkeit gesteht uns weitere 20 Abschiedsminuten zu. Der Bahnsteig ist leer, und welch Gedanke, dass hier Tausende Italiener vorbeigekommen sind. Nachdem wir beim Bahnhofsbäcker einen Kaffee getrunken haben – dieser dieses Mal typisch deutsch, das heißt, unerträglich dünn für den italienischen Gaumen –, nähern wir uns dem Gleis. Wir plaudern über Belangloses, scherzen miteinander, vielleicht auch, um unbewusst das Bedauern über die Trennung zu verbergen, aber plötzlich bleibt Lorenzo stehen, ändert seinen Gesichtsausdruck und schaut mich an, wobei er sagt: »Schau, Pasquale, das ist es, was ich nicht ertrage: Menschen, die gezwungen sind, bestimmte Sachen zu machen.« Ich verstehe nicht sofort, was er meint, aber mit seinem Blick lenkt er meine Augen in Richtung der Eingangstür zu den Toiletten, die deutlich von unserem Standpunkt entfernt sind, und schließlich begreife ich. Hinter der offenen Tür erspähe ich einen Menschen, es ist die Toilettenfrau. In ihrem grauen, ihre Weiblichkeit neutralisierenden Arbeitskittel, mit ihrem gesenkten Blick und ihren trägen Bewegungen vermittelt ihre ganze

Gestalt ein Gefühl tiefster Resignation. Sie ist kein glücklicher Mensch. Ich schäme mich für meine Blindheit. Lorenzos Augen hingegen, die unentwegt für andere offen sind, haben sogleich, wenn auch aus der Ferne, diese verzweifelte Existenz bemerkt. Er fühlt, dass diese Frau dort ist, weil in ihrem Leben etwas schiefgelaufen ist, und dass sie woanders sein könnte, wenn sie die Wahl hätte. Vielleicht hat man sich nicht um sie gekümmert, vielleicht wurde ihr keine zweite Chance gewährt. Lorenzo hebt erneut an und sagt zu mir: »Das ist nicht richtig, das ist nicht richtig.« Auf diese Weise erteilt er mir die x-te Lektion darin, auf den Schmerz der anderen zu achten, wie ich sie schon vielfach von ihm in der Vergangenheit erhalten habe. Auch in den Gesprächen und Erinnerungen, die zur Abfassung dieses Buches geführt haben, wurden Geschichten der Aufmerksamkeit erzählt: Diese bilden die Basis seines Lebens, zusammen mit einem Schwung an Solidarität, der noch heute unerschöpflich erscheint.

Haus der Geschichte in Bonn, 2. November 2018, 14.30 Uhr. Ich verabschiede mich von Lorenzo, dem plötzlich auffiel, dass er spät dran war, sein Zug geht um 15 Uhr. Es blieb gerade noch Zeit für ein schnelles, aber zutiefst Wahrhaftiges: »Bis bald!«, und schon sitzt er im Taxi und jagt zum Bahnhof. Ich bin in die ehemalige Bundeshauptstadt gekommen, um die elf Ordner durchzusehen, die randvoll mit Dokumenten, Briefen sowie Fotos sind und die Lorenzo zusammen mit anderem Material 2014 dem Haus der Geschichte überlassen hat. Schon seit ein paar Tagen bin ich dabei, mit unbändiger Neugier die Ordner zu durchforsten, die Lorenzos Leben in Deutschland, sowohl in Bezug auf die Arbeit als auch darüber hinaus, betreffen. Es ist eine immense Menge an Informationen: Man gewinnt den Eindruck, ein außergewöhnlich reichhaltiges und vielseitiges Leben in komprimierter Form vor sich zu haben. Während ich die Dokumente durchgehe, kann ich mich nicht von dem Gedanken lösen, dass es sich hier um das Leben von jemandem handelt, der keine Zeit verplempert hat, der nicht gezögert hat, wenn es darum ging, etwas zu tun, sondern der mit Entschlossenheit genau in dem Moment gehandelt hat, wenn es darauf ankam. Er könnte stolz darauf sein, doch wird all sein Tun von einer

Bescheidenheit begleitet, die mir schon immer teilweise unverständlich war, eine Bescheidenheit, die die erreichten Ziele kleiner erscheinen lässt und die sich oft in einem formelhaften »Ich habe nur meine Pflicht getan« ausdrückt, wie es einfache und ehrliche Menschen, ehrlich vor allem mit sich selbst, häufig gebrauchen.

Einmal sagte Lorenzo zu mir: »Jeder, der guten Willens ist, hätte an meiner Stelle dasselbe getan.« Das habe ich, ehrlich gesagt, nie so gedacht. Ich erinnere mich daran, als er mich vor einigen Jahren fragte, ob ich es mir zutrauen würde, seine Geschichte in einem Buch zu erzählen: Die Idee war es, an seiner Erfahrung zu zeigen, was Fleiß und Beharrlichkeit bewirken können, ohne dass es sensationeller Aktionen bedarf. Da ich befürchtete, seiner unvergleichlichen Kommunikationsfähigkeit mit dem geschriebenen Wort nicht gerecht werden zu können, erklärte ich, für eine solch schwierige Aufgabe nicht geeignet zu sein. In der Tat ist Lorenzo ein unvergleichlicher Geschichtenerzähler: Sein hervorragendes Gedächtnis, seine theatralische Stimme und seine anziehende Art zu sprechen machen ihn zu einem fesselnden Redner. Ich habe mich in der Vergangenheit oft gefragt, woher diese Gabe stammt, aber irgendwann habe ich verstanden, dass es eigentlich nicht wichtig war, zu wissen, ob Natur oder Kultur ihm zu dieser Fähigkeit verholfen haben, wichtig ist, dass Letztere zusammen mit zuvorkommender Menschlichkeit und Entschiedenheit im Handeln eine der Grundlagen seines Seins darstellt. Die Liebe zum Erzählen und die Sorgfalt im gesprochenen Wort zeigen eine weitere Facette der ihm eigenen Aufmerksamkeit, insofern sie von seinem lebhaften Bemühen zeugen, nicht zu vergessen, was gewesen ist und wer er gewesen ist. In ihm gibt es eine fortwährende titanenhafte Anstrengung zum Bewahren, ein starkes und klarsehendes Bewusstsein dafür, dass alles, was wir sind, aus Erinnerung besteht: Sein Kampf ist einer gegen das Vergessen.

Letztendlich habe ich, nach langem Zögern, beschlossen, es zu wagen: Ich habe verstanden, dass es ein Verbrechen wäre, nicht wenigstens zu versuchen, ein so reichhaltiges und in mancherlei Hinsicht beispielhaftes Leben zu rekonstruieren. Ich weiß, dass ich kein zuverlässiger Zeuge bin: Meine Zuneigung als Neffe vermischt sich mit der Bewunderung, die der Erzähler für einen so einzigartigen Menschen verspürt. Jedoch beweisen mir die unzähligen Bekundungen der Wertschätzung, die mir vorliegen und von Leuten stammen, die mit offenem Herzen verstanden haben, was Lorenzo ist und was er macht, dass die meine nicht nur emotionale Parteinahme sein kann.

Was lässt ihn nach Bonn kommen? Der Wunsch, einen Teil seiner Familie zu treffen, und sei es nur für ein paar Stunden. Von Wolfsburg nach Bonn: eine lange Reise für ein kurzes Treffen. Trotz meines Zuredens, sich nicht der Mühsal einer fast achtstündigen Zugreise zwischen Hin- und Rückfahrt auszusetzen, hatte Lorenzo mir angekündigt zu kommen und gemeint: »Das ist nicht möglich, dass du in Deutschland bist, und ich besuche dich nicht.« Während ich heute Morgen im Haus der Geschichte war, sah ich den Mann, für den ich tiefste Bewunderung verspüre, mit einem strahlenden Lächeln eintreten. Wir haben ein paar Stunden miteinander verbracht, die mit unerträglicher Geschwindigkeit verflossen und uns wie Wasser durch die Finger geronnen sind.

Jetzt sehe ich ihm nach, wie er in Richtung Bahnhof davonfährt, um den Zug zu erwischen, der ihn nach Hause in seine zweite (oder erste?) Heimat bringen wird, und während das Taxi in der Ferne verschwindet, spüre ich, dass jeglicher Versuch meinerseits, seine Geschichte zu rekonstruieren – wie ehrlich und von herzlicher Begeisterung getragen dieser auch sein mag –, nie intensiv genug sein wird, um das Leben dieses sehr besonderen Mannes in all seiner Reichhaltigkeit und Fülle zu vermitteln. Und mit diesem Bewusstsein, dem Bewusstsein des Unvollendeten, schließe ich dieses kurze Nachwort ab.

Es ist mir ein Anliegen, von ganzem Herzen all jenen zu danken, die bereit waren, Entwürfe des Buches zu lesen, und die mir hilfreiche Vorschläge zur Überarbeitung gemacht haben: Antonia Fiume, Paolo Testone, Tommaso Galiani, Francesca Palumbo, Giuseppe Liuzzi, Teresa Pentimella. Ihre Hinweise bildeten eine wertvolle Hilfe, um Klarheit und Lesbarkeit des Textes zu verbessern. Ganz herzlich danke ich auch dem Personal vom Haus der Geschichte in Bonn für die

Unverdrossenheit, mit der sie alle meine Anfragen beantwortet haben; insbesondere danke ich Erika Zander für ihre Mühe, das zu konsultierende Material vor meiner Ankunft zusammengestellt zu haben, sowie Professor Hanno Sowade für seine freundliche Hilfsbereitschaft und seine anregenden Gespräche über die Emigration in Vergangenheit und Gegenwart. Die Verantwortung für eventuelle Fehler und Ungenauigkeiten in diesem Buch übernimmt selbstverständlich der Verfasser.

Pasquale Annese

Endnoten

1 Pablo Neruda: *Ich bekenne, ich habe gelebt. Memoiren*, übersetzt von Curt Meyer-Clason, Darmstadt und Neuwied 1974, S. 225.
2 Petersen, Jens (Hg.): *L'emigrazione tra Italia e Germania*, Manduria 1993, S. 10.
3 Colonnella, Fiorenza: Da ›Gastarbeiter‹ a cittadino. *La partecipazione politica e culturale degli italiani in Germania e il cammino verso l'Europa*, in: Carchedi, Francesco/Pugliese, Enrico (Hg.): *Andare, restare, tornare. Cinquant'anni di emigrazione italiana in Germania*, Isernia 2006, S. 206.
4 Eine Masseria ist ein apulischer Bauernhof. Größere gehörten in der Regel einem Gutsbesitzer und wurden von einem Halbpächter bewirtschaftet, kleinere gehörten und gehören auch den Bauern selbst. Die Gegend um Alberobello ist reich an Masserien, die eine typische kompakte Bauform aufweisen und in der die Räume für Menschen und Tiere unter einem Dach vereint waren. Heutzutage werden viele nicht mehr landwirtschaftlich, sondern als Ferienunterkünfte oder Veranstaltungsorte genutzt.
5 Auch als Pferdebohne, Puffbohne, Saubohne, dicke Bohne bekannt.
6 *Kein Friede unter den Olivenbäumen* ist ein sozialkritischer Film von Giuseppe De Santis von 1950, der vom Kampf eines Schafhirten gegen Unrecht und soziale Ungerechtigkeit erzählt.
7 Wie die italienische Staatsgründung erfolgte auch die Herausbildung der italienischen Nationalsprache erst spät. Dem heutigen Italienisch liegt der toskanische Dialekt zugrunde, der sich insbesondere von den süditalienischen Dialekten so stark unterscheidet, dass hier keine spontane gegenseitige Verständlichkeit gegeben ist. Bis in die 1950er-/1960er-Jahre wurde Italienisch in Süditalien nur von der gebildeten Oberschicht gesprochen. Die in der Regel analphabetische Bevölkerung vor allem in den ländlichen Gebieten sprach und verstand nur ihre jeweiligen lokalen Dialekte, wobei diese sich innerhalb weniger Kilometer erheblich voneinander unterscheiden können. Neben Schule und Militärdienst spielen Kino und Fernsehen eine wichtige

Rolle bei der Verbreitung des Italienischen in Süditalien. Heutzutage sind in Süditalien sowohl Dialekt als auch Italienisch im Alltag präsent.

8 Federico Romero unterstreicht in seiner Monografie *Emigrazione und integrazione europea* 1945–1973, Roma 1991, S. 34, dass die Emigration für Italien eine politische Notwendigkeit war, da ohne »progressive Absorption der Arbeitslosigkeit« die Folgen »Unregierbarkeit der sozialen Spannungen und, im Besonderen, die Nichtverwirklichung jeglichen Vorhabens zur Schwächung der kommunistischen Opposition« gewesen wären. »Die Emigration stand somit innerhalb des Programms der politischen Mitte auf höchster Stufe.« In diesem Programm wurde jedoch das Schicksal der einzelnen Individuen nicht berücksichtigt, die, als eine Art Opferlämmer, zur Auswanderung gezwungen wurden.

9 Weiß war die Parteifarbe der katholisch-konservativen Partei Democrazia Cristiana, die zur damaligen Zeit über die Regierungsmehrheit in Italien verfügte.

10 Der Vertrauensmann ist Mitglied der Gewerkschaft und vertritt gegenüber dem Betriebsrat die Belange der Abteilung, in der er arbeitet.

11 Der Verbindungsmann ist ein Angestellter des Unternehmens, dem – unabhängig von der *Gewerkschaft*, der er angehört – eine wesentlich umfassendere Rolle als einem Vertrauensmann übertragen wird. Er ist dem *Unternehmen* verpflichtet, nicht der *Gewerkschaft*, und übt eine Funktion *für* das Unternehmen aus. Im speziellen Fall ging es darum, den Kontakt zwischen den Arbeitern einer bestimmten Nationalität und einem Organ des Unternehmens, dem Betriebsrat, zu fördern. In dieser Position erhielt ich ein höheres Gehalt.

12 Hugo Bork (1907–1998) trat in den 1920er-Jahren der SPD bei und begann knapp zwanzigjährig seine gewerkschaftlichen Aktivitäten. Von 1951 bis 1971 war er Betriebsratsvorsitzender bei VW. Von 1961 bis 1974 war er zudem (bis auf eine Pause von wenigen Monaten 1972) Oberbürgermeister von Wolfsburg.

13 Der Betriebsausschuss ist das geschäftsführende Organ des Betriebsrats.

14 In Italien berichteten einige Zeitungen ausführlich über diese Begebenheit, wobei sie das Ausmaß übertrieben und ein düsteres Bild der Lebensbedin-

gungen der Italiener in Wolfsburg zeichneten, das offen gesagt weit entfernt von der Wahrheit war.

15 Neben der IG-Metall-Liste gab es natürlich noch weitere Listen, zum Beispiel die des Christlichen Metallarbeiterverbands. Zudem existierten damals noch getrennte Listen für Arbeiter und Angestellte. Da die IG Metall die zahlenmäßig größte Gewerkschaft bei VW war (und ist), gelang (und gelingt) es ihr bei Betriebsratswahlen in der Regel, die absolute Mehrheit an Stimmen zu erhalten.

16 Es ist in gewisser Weise kurios, dass ich im Betriebsrat ausgerechnet mit dem Beamten vom Arbeitsamt zusammenarbeitete, gegen dessen Unnachgiebigkeit ich so lange gekämpft hatte, weil er es mir verweigerte, aus der Landwirtschaft weggehen zu dürfen. Bei den Sitzungen nämlich, in denen es um mögliche Neueinstellungen bei VW ging, war auch er anwesend, wobei er mir in diesen Fällen in gewissem Sinne ›zu Diensten‹ stand.

17 Deportationen von Deutsch-Russen nach Sibirien hatte es schon im Ersten Weltkrieg gegeben, da damals ebenfalls Russland gegen Deutschland gekämpft hatte. Nach dem Zusammenbruch des Zarenreichs und der anschließenden Entscheidung der Bolschewiki, den Konflikt zu beenden, erhielten die deportierten Überlebenden die Möglichkeit, an den Ort ihrer ›Herkunft‹ zurückzugehen. Auch Friedas Familie wurde im Ersten Weltkrieg nach Sibirien deportiert. Zwei ihrer Geschwister, die sie nie kennengelernt hat, starben während der Gefangenschaft den Hungertod.

18 So wurden die Italiener in der Nachkriegszeit abschätzig genannt. Das Wort soll die Abkürzung des Ausdrucks ›Italienischer Kamerad‹ (›Itaka‹, dann ›Itaker‹) sein, der im Ersten und Zweiten Weltkrieg benutzt wurde. Aber es gibt auch die Erklärung, dass der Begriff in Anlehnung zu ›Slowake‹, ›Polake‹ geprägt worden sei. Auch die Italiener verfügten über ein Repertoire verbaler Aggressivität gegen die Deutschen: Einer der am häufigsten gebrauchten Ausdrücke war ›Kartoffelfresser‹. Die deutsche Antwort war ein vorhersehbares ›Spaghettifresser‹.

19 Die Sozialwahlen beziehen sich auf die Wahl der Selbstverwaltungsorgane der Sozialversicherungsträger in Deutschland, wie Renten-, Gesundheits- und Unfallversicherung. Vertreterversammlung und Verwaltungsrat sind die

wichtigsten Organe der sozialen Selbstverwaltung. Gewählt wird alle sechs Jahre. Nach den Wahlen zum Deutschen Bundestag und den Europawahlen sind die Sozialwahlen diejenigen mit der dritthöchsten Wahlbeteiligung.

20 Auf politischer Seite gab es anfangs ein tiefes Misstrauen gegenüber den aus dem Ausland gekommenen Arbeitskräften, weil man fürchtete, diese seien oftmals Kommunisten, die sich nach Westdeutschland ›einschlichen‹. Der damalige CDU-Innenminister Gerhard Schröder – nicht zu verwechseln mit seinem Namensvetter, dem SPD-Politiker und ehemaligen Bundeskanzler – riet 1961, auf die Ausländer achtzugeben, insbesondere auf die Italiener, und den »Zustrom ... unter Kontrolle zu halten«. In den folgenden Jahren haben Gewerkschaften und Parteien nach und nach ihre Positionen korrigiert. Wenn die SPD zögerlich in ihrer Öffnung war, so war es die CDU umso mehr: Als sie sich letztendlich dazu entschloss, dann zum Teil, um die Abwanderung der Ausländer zur gegnerischen Partei einzudämmen, die vom Wahlstandpunkt aus gefährlich war.

21 Im Herbst 2015 wurde in den USA entdeckt, dass VW bei einigen Dieselmodellen Software installiert hatte, mit deren Hilfe die Daten zu den Abgaswerten gefälscht werden konnten, und zwar dergestalt, dass sie unter dem vom Gesetzgeber erlaubten Maximalwert blieben. Dieser Skandal hatte erhebliche Auswirkungen auf das Ansehen des Automobilherstellers und führte darüber hinaus zu vorhersehbaren wirtschaftlichen Folgen in Form von Gewinneinbußen, auch durch die harten Sanktionen, die dem Unternehmen auferlegt wurden. Während ich dies schreibe, sind noch immer zahlreiche Sammelklagen gegen VW anhängig.

22 Münz-Sieben, eine Spielkarte aus dem in ganz Süditalien verbreiteten neapolitanischen Blatt, das auch zum Kartenlegen und Wahrsagen verwendet wird. Dabei gilt die Münz-Sieben als Glücksbringer, die in der Lage ist, die Karten in ihrem Umkreis positiv zu beeinflussen.

23 In jenen Nachkriegsjahren betraf das Wohnungsproblem im Übrigen alle, auch für Deutsche gab es nicht genügend Wohnungen.

24 ›Weiße Witwen‹: Bezeichnung für die Ehefrau eines Emigranten, die im Heimatort zurückgeblieben ist und ihren Ehemann so selten sieht, dass sie das Leben einer Witwe führt, ohne es tatsächlich zu sein. Der Begriff kam in der

zweiten Hälfte des 19. Jahrhunderts auf, als nach der Vereinigung Italiens viele Italiener ihre Frauen zurückließen, um vor allem in die USA und nach Südamerika zu emigrieren, von wo aus sie nur sehr sporadisch wieder nach Hause auf Besuch kamen.

25 Im Sommer fuhren bis zu sechs Züge in verschiedene Gegenden Süditaliens: einige bis ins apulische Lecce, andere nach Agrigento und Palermo auf Sizilien. Zu Weihnachten konnten es bis zu vier Züge sein. In den ersten Jahren waren die Züge immer voll besetzt: die Zahl der Sitzplätze entsprach der der Reisenden. Aber da alle sowohl auf der Hin- als auch auf der Rückfahrt viel Gepäck dabeihatten, war die Reise einigermaßen unbequem. Deshalb stellte ich den Antrag, jedem Zug einen Gepäckwagen anzuhängen, um alles verstauen zu können. Eingedenk meiner eigenen Reiseerfahrungen viele Jahre zuvor bat ich auch darum, Liegewagen zur Verfügung zu stellen. Die Verantwortlichen der Deutschen Bundesbahn antworteten, dass dies schwierig sei, da in diesen Zeiträumen sehr viele Menschen verreisen würden. Dafür gab es sehr günstige Vereinbarungen mit der italienischen Eisenbahn. Um den Transport zu organisieren, äußerten die Arbeiter mithilfe einer persönlichen Lochkarte ihre ›Wünsche‹ hinsichtlich des Ziels, alles Weitere funktionierte automatisch. Die Kosten für die Fahrkarte wurden vom Gehalt abgezogen. Der Preis war gegenüber der Normalfahrkarte viel niedriger und der Verkauf erfolgte direkt über das Personal von VW.

26 Die Geschichte der Rolle der katholischen Kirche bei der Anwerbung und Unterstützung der italienischen Arbeiter in Deutschland, insbesondere bei VW, wurde bereits in zahlreichen Büchern beschrieben, darunter: Hedwig Richter/Ralf Richter: *Die Gastarbeiter-Welt*, Paderborn 2012; Carchedi, Francesco/Pugliese, Enrico (Hg.): *Andare, restare, tornare. Cinquant'anni di emigrazione italiana in Germania*, Isernia 2006; Petersen, Jens (Hg.): *L'emigrazione tra Italia e Germania*, Manduria 1993. Ich habe schon beschrieben, welchen Eindruck die sogenannte kirchliche ›Sozialhilfe‹ auf mich machte. Im deutsch-italienischen Abkommen von 1955 war ausdrücklich von »kirchlichen Organisationen« die Rede, die die Anpassung der italienischen Arbeiter an die Lebensbedingungen in Deutschland erleichtern sollten.

27 *Lupo* ist das italienische Wort für ›Wolf‹.

28 Für die vielen Tausend Italiener in Wolfsburg waren die 50 Pfennig für den Kinoeintritt ein gern entrichteter Preis, um sich dafür ein bisschen von der Arbeitsroutine und dem Heimweh ablenken lassen zu können.

29 Radio Colonia, seit Januar 2022 COSMO italiano, ist ein Radioprogramm in italienischer Sprache in Deutschland, das beim WDR in Köln angesiedelt ist und 1961 zum ersten Mal ausgestrahlt wurde.

30 Der Begriff *Tricolore* bezieht sich auf die italienische Nationalflagge mit den drei Farben Grün, Weiß und Rot.

31 Im Buch *Die Gastarbeiter-Welt* von Hedwig Richter und Ralf Richter wird daran erinnert, dass diese Auseinandersetzung von einigen damals mit dem kuriosen, aber vielleicht nicht ganz unpassenden Titel »Don Camillo und Peppone in Wolfsburg« versehen wurde.

32 *Padrino*, Pate: In Anlehnung an den Film *Der Pate* von Francis Ford Coppola (1972) Bezeichnung für einen Mafiaboss.

33 Otto Brenner (1907–1972) kannte Arbeit und Ausbeutung von Kindesbeinen an, weshalb er sich sehr früh, im Alter von nur 13 Jahren, der Sozialistischen Arbeiterjugend (SAJ) anschloss. 1926 wurde er Mitglied der SPD, 1931 trat er zur Sozialistischen Arbeiterpartei Deutschlands (SAP) über, die in Opposition zur SPD stand. Während des Nationalsozialismus wurde er wegen seiner politischen Aktivitäten verfolgt: 1933 wurde er verhaftet, vor Gericht gestellt und zu zwei Jahren Gefängnis verurteilt. Nach seiner Entlassung wurde er bis zum Ende des Nationalsozialismus polizeilich überwacht. 1952 wurde er an die Spitze der Metallarbeitergewerkschaft gewählt, die er bis zu seinem frühen Tod 1972 führte.

34 Max Diamant (1908–1992) verbrachte seine Kindheit und Jugend zwischen seiner Geburtsstadt Łódź, Mannheim und Zeitz, bevor sein Vater, der Mitglied der KPD war, 1924 beschloss, mit seiner Familie in die Sowjetunion überzusiedeln. Da er die diktatorischen Tendenzen des Stalinismus ablehnte, kehrte Max Diamant 1927 nach Deutschland zurück, wo er zunächst Mitglied der SPD wurde und 1931 zur SAP übertrat. Nach der nationalsozialistischen Machtergreifung 1933 verließ er Deutschland und ging ins Exil, unter anderem nach Spanien, wo er während des Bürgerkriegs 1936–1939 die Opposition gegen Franco unterstützte, nach Frankreich, wo er nach Aus-

bruch des Zweiten Weltkriegs interniert wurde und entkommen konnte, und schlussendlich nach Mexiko. Er arbeitete lange mit Willy Brandt zusammen. 1962 kehrte er nach Deutschland zurück und übernahm die Leitung der Abteilung »Ausländische Arbeiternehmer« beim Vorstand der IG Metall, die er bis 1973 innehatte.

35 *Cavaliere*, Ritter, ist der Verdienstorden der Republik Italien.
36 Er hatte dieses Amt von 1980 bis 1987 inne.
37 Damals sprachen wir von ›Kommunismus‹, heute sagt man ›Realsozialismus‹ dazu.
38 Eine Samtgemeinde ist in Niedersachsen ein Verbund meist kleinerer Gemeinden, die sich zusammenschließen, um das Gebiet koordiniert zu verwalten. Bokensdorf ist Teil der Samtgemeinde Boldecker Land.
39 Das Haus der Geschichte in Bonn ist ein von einer Bundesstiftung getragenes Museum, das Gegenstände und Dokumente aus der deutschen Geschichte von 1945 bis heute sammelt und ausstellt. Zur Stiftung gehören drei weitere Museen, eins in Leipzig und zwei in Berlin.

Bildnachweis

© Haus der Geschichte, Bonn / Sammlung Lorenzo Annese: Seite 57, 59, 63, 71, 76, 78, 81, 83, 93, 97, 98, 125, 128, 131, 144, 161, 181, 184, 189.
© Privatarchiv Lorenzo Annese: Seite 47, 65, 73, 80, 100, 149, 167, 174, 187, 193, 195.
© Magdalena Kaszuba (magdalena-kaszuba@outlook.de): Seite 69.